MARKUS SÄMMER

The GREAT OUTDOORS

120 GENIALE RAUSZEIT-REZEPTE

DK

INTO THE WILD

Kurz nach der Jahrtausendwende, nach vielen anstrengenden Jahren in der Münchner Spitzengastronomie, nahm ich mir eine längere Auszeit. Eine berufliche, private, ja fast schon eine von der Zivilisation als solche. Heute würde man wohl Sabbatical dazu sagen. Mein Reiseziel war damals Australien, auf unbestimmte Zeit, ich wollte einfach mal weg.
Mit einem für ein Jahr gültigen Work-and-travel-Visum, einem riesigen Rucksack und viel Neugier landete ich damals in Brisbane. Natürlich hatte ich vorher schon oft ein Zelt aufgebaut, habe gecampt oder draußen gekocht. Jedoch an den Maßstäben des Australischen Outbacks gemessen, startete ich als echtes Greenhorn in mein Reise-Abenteuer.
Die Natur war aber eine sehr gute Lehrmeisterin, und nach und nach wurden die Strecken abseits von jeglicher Zivilisation, auf die ich mich wagte, länger und die geplanten Campingnächte am Stück zahlreicher. Ich lernte, mich am Sonnenstand zu orientieren und an ihm abzulesen, wann es Zeit wurde, nach einem geeigneten Lagerplatz für die Nacht Ausschau zu halten, Feuerholz zu sammeln und das Zelt aufzustellen. Alleine das Thema Feuer war sehr heikel. Oft herrschte extreme Waldbrand-Gefahr, und so musste ich eine sichere und windgeschützte Feuerstelle ausheben. Auch das Holzsammeln ist gefährlich. Besser, man prüft jeden Ast einzeln. Giftige Spinnen, Skorpione und Schlangen verstecken sich gerne in dem trockenen Geäst.
Meine Ausrüstung wurde nach und nach immer mehr aufgestockt, und bald stapelten sich in meinem Kombi (den hatte ich mir nach einiger Zeit zugelegt) bis unter das Dach Surfbretter, Tauch- und Angelausrüstung und natürlich Camping- und Küchenausstattung.
Oft habe ich am Wegesrand, beim Surfen oder beim Trekken nette Menschen getroffen und diese gleich mit bekocht. Mein Speiseplan wurde durch selbst gefangenen Fisch, Muscheln und Krebse abwechslungsreicher und fast schon luxuriös. Auch habe ich gelegentlich gegen Logis bei Farmern geholfen, die mich dann mit herrlich frischem Obst und Gemüse versorgten.
Diese wunderbare Reise dauerte fast ein ganzes Jahr, in dem ich über 40.000km zurücklegte und einmal an der Küste Australiens entlang rund um den ganzen Kontinent fuhr. Unzählige Nächte habe ich unter freiem Himmel verbracht. Während dieser Zeit sind viele Ideen und Rezepte entstanden, die nun auch ihren Weg in dieses Buch finden.

Die extremsten Erfahrungen mit der Camping-Küche habe ich sicher 2011 auf meiner achtwöchigen Expedition in die peruanischen Anden gemacht. Oft musste ich unter widrigen Bedingungen, mit wenig Platz für Gepäck und in extremer Höhe, nahrhafte und wohlschmeckende Gerichte für mich und meine Seilpartner zaubern. Doch auf 5.500 Metern Schlafhöhe funktionieren weder Technik noch der Appetit so wie auf Meereshöhe.

Seitdem sind einige Jahre vergangen, in denen ich hauptsächlich im VW-Bus unterwegs war, zwischen Nord- und Ostseeküste, Südtirol, Gardasee, Sardinien und Korsika. Hier wurde auch die Idee zu diesem Buch geboren.
Das gesammelte Wissen übers Camping-Kochen und meine Outdoor-Erfahrung möchte ich euch nun mit auf eure eigenen Touren geben und diese kulinarisch bereichern. Gerade nach einem langen und anstrengenden Tag draußen ist gesunde Ernährung wichtig und es gibt dann nichts Schöneres, als ein gutes Essen. Das lädt den Akku wieder auf und macht euch fit für das nächste Abenteuer.

Und jetzt: Ab mit euch nach draußen!
Campt, kocht und genießt das Leben!

Markus

INHALT

AT HOME

14–41 VORBEREITUNGEN ZU HAUSE

QUICK REFUEL

70–101 SCHNELLES POWERFOOD

DINE OUT

154–205 DRAUSSEN KOCHEN AUF GRILL UND LAGERFEUER

REFRESH

240–259 DURSTLÖSCHER UND WACHMACHER

WAKE-UP CALL

42-63 ENERGIEGELADEN IN DEN TAG

DINE IN

110-145 AUF EIN ODER ZWEI FLAMMEN IM BUS KOCHEN

SWEET LOVE

210-231 SÜSSES UND DESSERTS

Rezeptindex 262

Rezeptregister 264

Special Thanks 270

RAUSZEIT

In uns allen steckt noch ein Rest des urzeitlichen Nomaden, des Sammlers und Jägers, der frei und im Einklang mit der Natur gelebt hat. Die innere Ruhe, das Wohlbefinden und die Faszination, die ein Lagerfeuer ausstrahlt, sind uns vertraut – und das schon seit Anbeginn der Menschheit. Die Sehnsucht, dieses Gefühl wieder zu entdecken und auszuleben, ist es oft, was uns Camper nach draußen treibt. Erdung lautet das Zauberwort.

Camping bedeutet Freiheit, Unabhängigkeit, Natur erleben, entspannen und die Seele baumeln lassen. Auch einfach an Plätzen verweilen, wo es uns gefällt oder wo wir unserem Sport nachgehen können.

Vom ersten Moment an, wenn der Bus gepackt ist und der Zündschlüssel umgedreht wird, sind wir ganz im Hier und Jetzt. Der Stress des Alltags ist schnell vergessen, und oft ist einfach nur der Weg das Ziel. Sich treiben lassen. Das Wetter und das Tageslicht bestimmen den Rhythmus. Wir sind unbeschwert und ganz bei uns selbst.

Wie schön ist der Blick aus dem Fenster schon am ersten Morgen. Egal wo, ob am See, in den Bergen, am Meer. Oft ist die Aussicht viel packender, als ein Hotel sie bieten könnte. Kleine Rituale geben auf drei Quadratmetern Mikrokosmos bereits große Glücksgefühle. Das Zusammenschrauben der Kaffeekanne, das Blubbern und Zischen, der Duft nach frischem Kaffee. Der Geruch nach Freiheit und Abenteuer.

Abends zusammen mit Freunden unbeschwert und glücklich kochen, Gemeinsamkeit spüren: Camping ist so etwas wie das gelebte Glück der Einfachheit. Jeder Camper wird genau dieses Gefühl kennen, braucht es doch nur sehr wenig Materielles, um glücklich und vollkommen zufrieden zu sein.

BEVOR IHR LOSLEGT

Die Rezepte in diesem Buch sind, wenn nicht anders angegeben, ausreichend für zwei Personen. Viele Mengenangaben habe ich in Tassen oder Packungsgrößen und ähnlich praktischen Einheiten angegeben, da man on tour ja vielleicht nicht immer gerade eine Waage oder einen Messbecher zur Hand hat. Bei vielen meiner Rezepte findet ihr auch Hinweise zu Varianten und auch Tipps und Tricks. Und zur besseren Orientierung habe ich die Rezepte mit Icons versehen, sodass ihr z. B. schnell erkennen könnte, welche Rezepte sich gut als Trail Food eignen, besonders schnell gehen oder nicht viel Ausrüstung brauchen.

Hier findet ihr praktische und schnelle Rezepte, die eure Brotzeit-Box mit allem füllen, was satt macht, Energie gibt und richtig gut schmeckt! Sie eignen sich besonders gut, um euch mit etwas Vorbereitung am Bus den Tag über zu versorgen.

Besonders leichte Gerichte, gut auch als Zwischenmahlzeit. Hier entgeht ihr garantiert der „Futternarkose" und bleibt so auch den Rest des Tages fit und wach.

Vegetarische Gerichte oder Varianten findet ihr schnell mit diesem Symbol. Sie sind natürlich immer eine gute Wahl. Besonders aber, wenn man keine Kühlbox für Fisch oder Fleisch hat und der nächste Markt zu weit weg ist.

Egal ob vor oder nach einer langen Tour, mit diesen Gerichten werdet ihr richtig satt und tankt reichlich Energie. Bäm!!

Das Schönste am Camping-Kochen ist ein wärmendes Feuer oder ein knisternder Grill. Hier findet ihr tolle Rezepte für einen gemütlichen Abend draußen. Aber auch Rezepte, die man besser draußen in der Pfanne brät, um nicht tagelang den Bratgeruch im Bus zu haben.

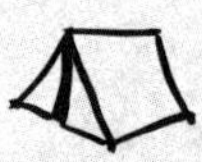

Ihr reist mit einem kleinen Auto, seid mit wenig Ausrüstung oder gar mehrere Tage mit dem Zelt unterwegs auf Tour? Das Zelt-Icon steht für schnelle, einfache Gerichte mit besonders wenigen, gut zu transportierenden Zutaten, die meist auf nur einem Kocher oder am Lagerfeuer funktionieren.

Wenn es mal richtig schnell gehen muss, findet ihr unter diesem Icon die passenden Rezepte. Ihr könnt mit wenigen Handgriffen etwas auf den Teller zaubern, egal ob ihr mit knurrendem Magen ganz schnell nachtanken müsst oder einfach wenig Zeit zum Kochen habt.

Rezepte mit diesem Symbol kommen ganz ohne Kochen aus.

So erkennt ihr schnell die Gerichte, für die ihr nur einen Kocher benötigt.

Für diese Rezepte solltet ihr zwei Kocher oder Herdflammen haben.

CHECK THE WEATHER!

Gerade in den Bergen kann das Wetter sehr schnell umschlagen und eure Tour ungemütlich oder sogar gefährlich werden lassen. Vergesst nicht, den Wetterbericht vor der Tour zu checken und beobachtet Veränderungen auch immer selbst aufmerksam.
Zuverlässige Wetterberichte für den alpinen Raum gibt online es bei den Alpenvereinen der jeweiligen Länder:

D: www.alpenverein.de
A: www.alpenverein.at
I: www.alpenverein.it
CH: www.sac-cas.ch

Außerdem bietet der ZAMG unter www.zamg.ac.at gute Wettermodelle für die Alpen, in Mittelgebirgen und im Flachland könnt Ihr auch auf Segelflug- und Agrar-Wetterberichte zurückgreifen.

AT HOME

VORBEREITUNGEN ZU HAUSE

Endlich ist es wieder soweit, die nächste Outdoor-Saison beginnt! Aber bevor ihr losfahrt, solltet ihr euren Bus richtig bepacken und fit für euren Trip machen. Um den Durchblick nicht zu verlieren, helfen Listen. Die kann man bei Packen einfach abhaken. Ihr findet auf den nächsten Seiten Tipps und Packlisten rund um eure Reiseküche. Was muss unbedingt mit und was kann diesmal auch zu Hause bleiben? Das hängt natürlich auch immer davon ab, wie lange ihr unterwegs sein werdet.

Außerdem findet ihr natürlich einige Rezepte, die ihr zur Vorbereitung für euren Trip nutzen könnt. Backt eure Burger-Brötchen einfach selbst und entdeckt den Unterschied. Vorfreude garantiert!

KÜCHENTOOLS

BASICS

MAILLE
illy
ALNATURA
Tomaten Mark
Concentré de tomates
BIO
verival
BIO
Klare Gemüsesuppe
lima
mild
Shoyu
soy sauce
ALNATURA
Natives
Olivenöl
extra
Huile d'olive vierge extra
BIO7 INITIATIVE
0,5 l
Campo Verde
Aceto
Balsamico
di Modena
I.G.P.
250 ml
8,5fl.oz
VERÍVAL
BIO
RAPSÖL
KALTGEPRESST
Rapeseed oil
Olio di colza
Huile de colza

ANDECHSER
NATUR
Haltbare
Bio-Alpenmilch
3,5 %
Fett
Sonnenschein
Tee
Momente der
Entspannung
DAVERT
Weißer Quinoa
das Korn der Inka
200 g
Reis
weiß
Riz Basmati blanc
BIO7 INITIATIVE
1000 g
Pasta Speciale
original italienische Pasta
Emmer-Penne
Ur-Korn • Semola
vegan, ohne Ei
aus kontrolliert biologischem Anbau
500 g
VERIVAL
NATUR ROHROHR
ZUCKER
DEMERARA
ALNATURA
Kokos
Milch
Lait de coco
BIO7 INITIATIVE

GEWÜRZE

ALWAYS ON BOARD

CHECKLISTE KÜCHENTOOLS:

- ☐ Besteck
- ☐ Brotzeit-Box
- ☐ Dosenöffner
- ☐ Feuerzeug, Streichhölzer
- ☐ Flaschenöffner/Korkenzieher
- ☐ Frischhalte-Box (für Speisereste etc.)
- ☐ Geschirr (Teller, Schüsseln, Tassen etc.)
- ☐ Gläser/Becher
- ☐ Grill (Kohle, Anzünder, Zange, Handschuh)
- ☐ Gummiringe
- ☐ Holz-/Schaschlikspieße
- ☐ Kocher, am besten zwei (plus Brennstoff wie Gas, Benzin, Petroleum)
- ☐ Kochutensilien (Pfannenwender, Kochlöffel, Schneebesen, etc.)
- ☐ Rolle Küchenpapier
- ☐ Lagerfeuerwerkzeug (Klappsäge, Beil, evtl. Holz, FireStarter evtl. selbst gemacht)
- ☐ Messer (2-3 Größen, auch klappbar)
- ☐ Müllbeutel
- ☐ Pfannen, Töpfe, Sieb mit Griff zum Heben
- ☐ Reibe
- ☐ Rührquirl (evtl.)
- ☐ Sparschäler
- ☐ Schneidbrett
- ☐ Schüsseln und Dosen
- ☐ Schüttelglas mit Sprossendeckel
- ☐ Spülkiste mit Schwamm, Tuch und Spülmittel
- ☐ Stirnlampe, Taschenlampe
- ☐ Teelichter
- ☐ Wasserkanister oder gefüllter Tank
- ☐ Zipper-Beutel

CHECKLISTE GEWÜRZE:

- ☐ Bio-Gemüsebrühe
- ☐ Chilis, getrocknet
- ☐ Gemahlene Kurkuma
- ☐ Gerebelter Oregano
- ☐ Pfeffer in der Mühle
- ☐ Ras el-Hanout (arabische Gewürzmischung)
- ☐ Salz (Meersalz)
- ☐ Zucker, braun (oder z. B. Kokosblütenzucker)

CHECKLISTE LEBENSMITTEL:

- ☐ Balsamico-Essig
- ☐ Eier
- ☐ H-Milch
- ☐ Honig, flüssig
- ☐ Ingwer, frisch oder Pulver
- ☐ Kapern
- ☐ Knoblauch
- ☐ Kokosmilch
- ☐ Oliven
- ☐ Olivenöl, Rapsöl (beide nativ)
- ☐ Parmesan am Stück
- ☐ Pasta (z. B. helle Dinkel-Penne, Spaghetti)
- ☐ Reis (Basmati- oder Duftreis)
- ☐ Risotto-Reis
- ☐ scharfe Sauce (Sriracha)
- ☐ Senf (Djion)
- ☐ Soja-Sauce
- ☐ Thunfisch (oder Lachs, Makrele etc.) in der Dose
- ☐ Tomaten, Dose
- ☐ Tomatenmark
- ☐ Zwiebeln

BURGER BUNS

130 ML LAUWARME MILCH
1 EL ZUCKER
10 G (½ WÜRFEL) FRISCHHEFE
20 G ZERLASSENE BUTTER
250 G WEIZENMEHL TYPE 550 ODER
HELLES DINKELMEHL
½ TL SALZ
2 EIER, ZIMMERWARM
2 EL HELLE SESAMSAAT

Milch, Zucker, Hefe und Butter zu einem Vorteig verrühren, diesen abdecken und bis er schäumt stehen lassen.

Mehl und Salz in einer Schüssel mischen, ein Ei dazugeben, den Vorteig einrühren und das Ganze zu einem Teig kneten. Er sollte nicht zu klebrig, aber auch nicht zu fest sein, ansonsten noch etwas Mehl oder Milch einarbeiten. Den Teig abdecken, 1 Stunde gehen lassen, dann die Luft herauskneten. Zu sechs flachen Buns formen, abdecken und weitere 30 Minuten gehen lassen. Den Backofen auf 190 °C vorheizen.

Das verbliebene Ei mit etwas Wasser verquirlen und die Buns damit einpinseln. Mit Sesam bestreuen und 20 Minuten goldbraun backen. Unmittelbar nach dem Herausnehmen ein Geschirrtuch darüberlegen und die Buns so abkühlen lassen, damit sie weich bleiben. In Gefrierbeutel stecken und einfrieren oder so mitnehmen.

PESTO GRUNDREZEPT

Alle Zutaten im Standmixer grob hacken, abschmecken und in saubere Gläser mit Schraubdeckel füllen. Die Oberfläche zusätzlich mit etwas Olivenöl bedecken, die Gläser fest verschließen und kühl stellen.

PESTO ROSSO

½ BUND BASILIKUM
150 G GETROCKNETE TOMATEN
50 G HARTKÄSE (Z. B. PARMESAN)
30 G PINIENKERNE ODER NÜSSE
1 KNOBLAUCHZEHE
1 KLEINER CHILI
2 EL TOMATENMARK
150 ML OLIVENÖL
MEERSALZ, PFEFFER

Basilikum waschen, trocken schütteln und die Blätter abzupfen. Die Tomaten mit der Küchenschere oder einem Messer in Streifen schneiden. Den Hartkäse grob zerkleinern. Die Pinienkerne oder Nüsse ohne Fett in der Pfanne leicht rösten. Knoblauch schälen und zerdrücken. Den Chili ohne Samen in dünne Ringe schneiden. Wie im Grundrezept weiter verarbeiten.

PESTO GENOVESE

1 BUND BASILIKUM
50 G HARTKÄSE
(Z. B. PARMESAN)
30 G PINIENKERNE
1 KNOBLAUCHZEHE
150 ML OLIVENÖL
SALZ, PFEFFER

Basilikum waschen, trocken schütteln und die Blätter abzupfen. Den Hartkäse grob zerkleinern. Die Pinienkerne ohne Fett in der Pfanne leicht rösten. Knoblauch schälen und zerdrücken. Wie im Grundrezept weiterverarbeiten.

BÄRLAUCH-PESTO

1 BUND BÄRLAUCH
50 G HARTKÄSE (Z. B. PARMESAN)
30 G PINIENKERNE ODER NÜSSE
(Z. B. CASHEWKERNE, MANDELN, ETC.)
150 ML OLIVENÖL
ABGERIEBENE BIO-ZITRONENSCHALE
SALZ, PFEFFER
CHILIFLOCKEN NACH BELIEBEN

Bärlauch mit einer Küchenschere oder einem Messer grob zerkleinern. Den Hartkäse grob hacken und die Pinienkerne ohne Fett in der Pfanne leicht rösten. Wie im Grundrezept weiterverarbeiten.

ROTE-BETE-PESTO

1 ROTE BETE
50 G HARTKÄSE
(Z. B. ZIEGENHARTKÄSE)
30 G WALNÜSSE
150 ML OLIVENÖL
SALZ, PFEFFER

Die Rote Bete in Alufolie einwickeln und im Backofen bei 180 °C 40 Minuten backen. Etwas abkühlen lassen, schälen und grob in Stücke schneiden. Den Käse grob in Stücke schneiden. Die Walnüsse ohne Fett in der Pfanne leicht rösten. Wie im Grundrezept weiterverarbeiten.

TIPP:

Zum Verfeinern des Rote-Bete-Pestos das Mark von ½ Vanilleschote und Chiliflocken zugeben.

SIRUP

Aus den Sirups lassen sich herrlich frische Limonaden, Heißgetränke, Cocktails und Mischgetränke zaubern. Rezepte dazu findet ihr auch in dem Kapitel „Refresh“ (Seite 240). Immer zuerst einen Läuterzucker aus Wasser und Zucker aufkochen und dann die übrigen Zutaten zugeben. Für einen intensiveren Geschmack die Mischung einige Stunden oder über Nacht an einem kühlen Ort ziehen lassen, dann abseihen und in Flaschen abfüllen. Der Sirup hält noch länger, wenn er nach dem Abseihen nochmals kurz aufgekocht wird. Heiß abfüllen und die Flaschen sofort verschließen. Zwei Esslöffel Ascorbin-Säure (Vitamin C, in der Apotheke erhältlich) pro Liter oder Zitronensäure (im Regal mit Backzutaten) verlängern ebenfalls die Haltbarkeit.

RHABARBERSIRUP

1 L WASSER, 500 G ZUCKER, 500 G RHABARBER, SAFT VON 1 ZITRONE, 2 ÄPFEL

Den Rhabarber waschen, schälen und in kleine Stücke schneiden. Die Äpfel waschen und Kerngehäuse entfernen. Das Fruchtfleisch klein schneiden. Alle Zutaten 15 Minuten abgedeckt köcheln lassen.

HOLUNDERBLÜTEN SIRUP

1 L WASSER, 500 G ZUCKER, 15–20 HOLUNDERBLÜTENDOLDEN, SAFT VON 3 ZITRONEN

Wasser und Zucker zusammen einmal aufkochen, Holunderblütendolden und den Zitronensaft in die noch heiße Flüssigkeit geben und über Nacht ziehen lassen.

CHAI-SIRUP

1 L WASSER, 750 G BRAUNER ZUCKER, 2 ZIMTSTANGEN, 5 EL FENCHELSAAT, 2 EL GANZE GEWÜRZNELKEN, 2 EL KARDAMOMKAPSELN, 4 STERNANIS, 10 G INGWER

Die Zimtstangen zersplittern. Fenchel, Nelken, Kardamom und Sternanis im Mörser grob zerdrücken. Den Ingwer schälen und klein schneiden. Alle Zutaten 15 Minuten abgedeckt köcheln lassen und 1 Stunde ziehen lassen.

INGWERSIRUP

1 L WASSER, 500 G ZUCKER, 300 G INGWER, SAFT VON 2 LIMETTEN

Den Ingwer schälen und in kleine Stücke schneiden. Alle Zutaten 10 Minuten abgedeckt köcheln lassen.

EINGEMACHTES

ERDBEER-RHABARBER-KONFITÜRE

500 G RHABARBER, 500 G ERDBEEREN, 1 VANILLESCHOTE, 1 BIO-ZITRONE, 500 G GELIERZUCKER 2:1

Den Rhabarber waschen und schälen. Die Erdbeeren waschen und den Strunk abschneiden. Alles in kleine Stücke schneiden. Die Vanilleschote aufschneiden und das Mark herausschaben. Restliche Schote halbieren. Die Zitrone heiß abwaschen, die Schale abreiben, dann die Frucht halbieren und auspressen. Obststücke, Vanillemark und -schote, Zitronenschale und -saft in einem Topf mit dem Gelierzucker mischen, aufkochen und unter Rühren 3 Minuten sprudelnd kochen. Heiß in saubere Gläser abfüllen und sofort verschließen.

KARAMELLISIERTER ZWETSCHGENRÖSTER

1 KG ZWETSCHGEN, 150 G ZUCKER, 1 ZIMTSTANGE, 2 CL RUM NACH BELIEBEN

Die Zwetschgen halbieren und entsteinen. Den Zucker in einem Topf erhitzen und ohne Rühren leicht hellbraun karamellisieren lassen. Zwetschgen und Zimtstange zugeben, alles aufkochen und rühren, bis sich der Zucker wieder gelöst hat. Zum Schluss nach Belieben den Rum einrühren. Die Zimtstange entfernen, das Mus heiß in Gläser abfüllen und sofort verschließen. Schmeckt super zum Kaiserschmarrn (siehe Rezept Seite 225).

TIROLER NUSSKUCHEN

6 EIER
200 G HELLER ROHRZUCKER
1 PRISE SALZ
200 G BUTTER
200 G GEMAHLENE HASELNÜSSE
125 G BACKSTARKES MEHL (TYPE 550)
1 TL BACKPULVER
1 TL GEMAHLENER ZIMT
100 G RUM-ROSINEN (GGF. ROSINEN MIT 2 CL RUM UND ETWAS WASSER KURZ AUFKOCHEN)
GERIEBENE SCHALE VON ½ BIO-ZITRONE
200 G GERASPELTE ZARTBITTER-SCHOKOLADE
TRENNSPRAY ODER PFLANZENÖL

Den Backofen auf 160 °C Umluft vorheizen.

Die Eier trennen. Das Eiweiß mit etwas Zucker und einer Prise Salz steif schlagen. Die Butter mit dem Eigelb und dem restlichen Zucker schaumig schlagen. Nüsse, Mehl, Backpulver, Zimt, Rum-Rosinen und Zitronenschale einrühren. Eischnee und Schokoraspel vorsichtig unterziehen.

Heiß gespülte Gläser innen mit etwas Trennfett besprühen oder mit Öl auspinseln. Die Gläser zu zwei Dritteln mit Teig füllen und 25-30 Minuten im vorgeheizten Ofen backen. (Je kleiner die Gläser, umso kürzer die Backzeit.) Mit einem Zahnstocher oder ähnlichem die Garprobe machen. Sofort nach dem Backen die Gläser mithilfe von Topfhandschuhen mit den Deckeln verschließen. Vorsicht, heiß! Zum Essen die Kuchen aus den Gläsern stürzen und aufschneiden.

Kühl gelagert sollte der Kuchen mindestens vier Wochen haltbar sein.

MÜSLIMIX UND OATMEAL

Einmal zu Hause vorbereitet und trocken verpackt, sind Müsli und Co. lange haltbare und hochwertig Energielieferanten. Am besten in einen Zipper-Frischhaltebeutel abfüllen, um wenig Gewicht und Stauraum zu verschwenden.

FRÜHSTÜCKSBREI

250 G GETREIDEFLOCKEN (KERNIGE HAFER-, DINKEL- ODER MEHRKORNFLOCKEN)
OPTIONAL: GEMAHLENE NÜSSE, KERNE, MANDELN, KOKOSMEHL, ZIMT, GEMAHLENE VANILLE, GEPOPPTER AMARANTH

Die Flocken in den Mixer geben und zerkleinern. Nach Belieben weitere Zutaten untermischen und alles in eine Vorratsdose füllen. Ein schnelles und super einfaches Frühstück für unterwegs.

Zubereitung:
Ca. ½ Tasse pro Person in eine Schüssel geben, mit heißem Wasser (oder heißer Milch) übergießen, umrühren und wenige Minuten quellen lassen. Nach Belieben geschmacklich verfeinern, z. B. mit Zucker, Honig, Agavendicksaft, Kakaopulver, getrocknetem, frischem oder TK-Obst, Fruchtmus oder -kompott, Konfitüre, Nüssen, Kernen oder Joghurt.

THE FUNKY FRUIT

30 G GEFRIERGETROCKNETE FRÜCHTE
20 G HASELNUSSKERNE
20 G MANDELN
20 G GESCHROTETER LEINSAMEN
20 G HELLE SESAMSAAT
300 G GEMISCHTE GETREIDEFLOCKEN (HAFER, DINKEL ETC.)
2 EL RAPS- ODER SONNENBLUMENÖL
1 PRISE SALZ
2 EL HONIG
½ TL GEMAHLENER ZIMT

Für dieses Knuspermüsli aus dem Ofen Nüsse und Mandeln grob hacken. Alle Zutaten bis auf Früchte mischen, auf einem mit Backpapier ausgelegten Backblech verteilen und bei 170 °C rösten, bis sie goldbraun sind. Alle 5 Minuten wenden. Abkühlen lassen, mit den Trockenfrüchten vermengen und luftdicht verpacken.

THE BERRY BOOSTER

30 G GEFRIERGETROCKNETE BEEREN
50 G GEPOPPTER AMARANTH
50 G GEPOPPTE QUINOA
100 G ZARTE HAFERFLOCKEN
100 G DINKELFLOCKEN
20 G KOKOSCHIPS
20 G WEISSE SCHOKOCHIPS ODER -TROPFEN, FALLS ES AUF DER TOUR NICHT ZU WARM WIRD
6 EL CHIA-SAMEN

Diese geniale Müsli-Mischung lässt sich ganz schnell vorbereiten. Alle Zutaten einfach in einer Schüssel vermischen und luftdicht verpacken.

KÜRBIS-COOKIES

100 G KÜRBIS (Z. B. HOKKAIDO ODER BUTTERNUT)
50 G KOKOSFETT
60 G HONIG
2 EIER
50 G GESCHROTETE LEINSAMEN
80 G LEICHT GERÖSTETE KÜRBISKERNE
120 G ZARTE HAFERFLOCKEN
120 G KERNIGE HAFERFLOCKEN
80 G GETROCKNETE CRANBERRYS ODER GOJI-BEEREN
½ TL SALZ
1 TL FEIN GEHACKTE INGWERWURZEL
1 PRISE GEMAHLENER ZIMT
1 MSP. MUSKAT

Den Ofen auf 180 °C vorheizen. Das Kürbisfruchtfleisch klein würfeln und in wenig Wasser garen. Abtropfen lassen und pürieren.

Das Kokosfett erwärmen und den Honig darin lösen. Die Eier verquirlen.

Alle Zutaten für die Cookies in einer Rührschüssel vermischen.

Aus dem Teig 20 Cookies formen, auf ein mit Backpapier ausgelegtes Backblech legen und 15–20 Minuten backen, bis sie goldbraun sind.

Vollständig abkühlen und trocknen lassen und vorsichtig in eine luftdicht schließende Box füllen.

TIPP:

Zum Portionieren den Teig mit einem Löffel 2 cm dick in runde Plätzchenausstecher drücken.

THE TRAIL BAR

100 G GETROCKNETE SOFT-FEIGEN
50 G GETROCKNETE SOFT-APRIKOSEN
100 G ROSINEN
50 G HASELNUSSKERNE
50 G KÜRBISKERNE
50 G SONNENBLUMENKERNE
2 ÄPFEL
150 G DINKEL- ODER WEIZENVOLLKORNMEHL
250 ML WASSER
150 G ZARTE HAFERFLOCKEN
1 EL HONIG
1 TL ZIMT
½ TL SALZ
4 EL NATIVES RAPSÖL

Den Ofen auf 180 °C vorheizen. Nüsse und Kerne grob hacken und in einer Pfanne ohne Fett leicht rösten. Die Trockenfrüchte hacken, die Äpfel schälen und grob reiben. Alle Zutaten in einer Schüssel zu einem groben Teig kneten.

Ein Backblech mit Backpapier auslegen. Den Teig auf dem Blech verstreichen und ca. 30 Minuten backen. Etwas abkühlen lassen und noch lauwarm mit einem scharfen Messer in Riegel schneiden. Komplett abkühlen und einen Tag trocknen lassen. Dann in einen luftdicht schließenden Behälter füllen. Die Lagen mit Backpapier trennen, damit die Riegel nicht aneinanderkleben.

Nüsse, Kerne und Trockenfrüchte können durch andere Sorten ausgetauscht werden, wenn die Mengenverhältnisse gleich bleiben. Nach Geschmack mit Kokosraspeln verfeinern.

TIPP:
Man kann die Masse auch zwischen Oblaten als Sandwichtaler backen.

TRAIL MIX

THE MONKEY MUNCH

80 G MANDELSTIFTE
80 G BANANENCHIPS
80 G LEICHT GESALZENE ERDNÜSSE
40 G GETROCKNETE MANGO
40 G ROSINEN
30 G GROBE KOKOSCHIPS

Die Mango nach Belieben in kleine Stücke schneiden, Bananenchips grob hacken. Dann alle Zutaten vermischen und luftdicht verpacken.

THE POWER PUSH

50 G GETROCKNETE SOFT-APRIKOSEN
50 G GETROCKNETE SOFT-FEIGEN
50 G GETROCKNETE GOJI-BEEREN
40 G WALNUSSKERNE
40 G GANZE BLANCHIERTE MANDELN
40 G KÜRBISKERNE

Trockenfrüchte nach Belieben klein schneiden, Nüsse und Mandeln grob hacken. Nüsse, Mandeln und Kürbiskerne können trocken geröstet werden. Dann alle Zutaten vermischen und luftdicht verpacken.

THE MACADAMIA MONSTER

80 G MACADAMIAKERNE
40 G HASELNUSSKERNE
40 G CASHEWKERNE
40 G GETROCKNETE CRANBERRYS
60 G SOFT-DATTELN

Die Nüsse nach Belieben grob hacken und die Datteln in Scheibchen schneiden. Dann alle Zutaten vermischen und luftdicht verpacken.

POWER BALLS

FEIGE-NUSS-BALLS

ERGIBT 20 BALLS

75 G GEMISCHTE NÜSSE UND KERNE (Z. B. HASELNÜSSE, CASHEWS, MANDELN, SONNENBLUMENKERNE)
100 G GETROCKNETE SOFT-FEIGEN
50 G BUTTER ODER KOKOSFETT
2 EL AGAVENDICKSAFT ODER ZUCKERRÜBENSIRUP
2 EL ZARTE HAFERFLOCKEN
2 EL GEPOPPTER AMARANTH
SESAMSAAT ODER GEHACKTE MANDELN ZUM WÄLZEN NACH BELIEBEN

Die Nüsse hacken (im Mixer oder mit einem Messer/Wiegemesser) und in einer Pfanne ohne Fett leicht rösten. Herausnehmen, sobald sie Farbe annehmen, und abkühlen lassen. Die Feigen hacken.

Butter oder Kokosfett mit dem Agavendicksaft oder Sirup kurz aufkochen. Alle übrigen Zutaten gut untermischen. Vom Herd nehmen und abkühlen lassen. Zu walnussgroßen Kugeln formen. Nach Belieben in geröstetem Sesam oder gehackten Mandeln wälzen. Ca. 30 Minuten kühlen, damit sie fest werden. Dann schichtweise mit Butterbrotpapier in eine Frischhaltedose packen.

APRIKOSE-KOKOS-BALLS

ERGIBT 20 BALLS

200 G GETROCKNETE SOFT-APRIKOSEN
3 EL ZARTE HAFERFLOCKEN
10 EL KOKOSRASPEL
2 EL AGAVENDICKSAFT ODER ZUCKERRÜBENSIRUP
1–2 EL KOKOSÖL
ZUSÄTZLICHE KOKOSRASPEL ZUM WÄLZEN NACH BELIEBEN

Die Aprikosen fein hacken.

Haferflocken und 5 EL Kokosraspel in einer Pfanne ohne Fett leicht rösten. Agavendicksaft oder Rübensirup und Kokosöl zugeben. Erhitzen, dann vom Herd nehmen.

Die ungerösteten Kokosraspel und die Aprikosen unterrühren. Die Masse abkühlen lassen, dann mit befeuchteten Händen walnussgroße Kugeln formen. Nach Belieben in Kokosraspel wälzen. Ca. 30 Minuten kühlen, damit die Balls fest werden. Dann schichtweise mit Butterbrotpapier in eine Frischhaltedose packen.

WAKE-UP CALL

ENERGIEGELADEN IN DEN TAG

Was gibt es Schöneres, als mitten in der Natur aufzuwachen? Ich liebe es, morgens als erstes die Schiebetüre zu öffnen und in die Sonne zu blinzeln. Dann mit Schlaf in den Augen und strubbeligen Haaren die Kaffeekanne auf den Kocher stellen, allein dieser Duft macht schon munter. Das Rauschen des Meeres, der frische Bergwind oder die vollständige Stille der Einsamkeit, der neue Tag begrüßt einen immer anders beim Campen. Jetzt ein gutes und gesundes Frühstück ... mitten in der Natur. Das weckt eure Lebensgeister und macht euch fit für einen langen, aktiven Tag draußen.

LEGAL DOPING

DAS SUPERMÜSLI

Nomen est omen, mit diesem legalen Doping seid ihr draußen immer vorn dabei, fühlt euch fit und lange satt. I love it!

1 TASSE MÜSLI-MIX „FUNKY FRUIT“ ODER „BERRY BOOSTER“ (REZEPT SEITE 35)
½ TASSE MILCH
½ TASSE FRISCHER OBSTSALAT
150 G NATURJOGHURT
2 EL HONIG ODER AGAVENDICKSAFT

Den Müsli-Mix in zwei Schüsseln oder Gläser füllen und mit der Milch und dem Obstsalat vermengen. Den Joghurt mit Honig oder Agavendicksaft verrühren und auf die beiden Müsli-Portionen verteilen.

PORRIDGE MIT BANANE

Porridge und Overnight Oats liegen auch bei Profi-Sportlern gerade voll im Trend und finden sich auf so manchem Ernährungsplan. Kein Wunder: sie sind lecker, gut zu verdauen und geben euch lange und konstant Energie für den Tag.

½ TASSE ZARTE HAFERFLOCKEN
½ TASSE MILCH, MANDEL- ODER HAFERDRINK
½ TASSE WASSER
3 EL CHAI-SIRUP (REZEPT SEITE 28) ODER 2 EL HONIG
1 GROSSE BANANE
FRISCHE FEIGEN, KOKOS-CHIPS NACH BELIEBEN

Die Haferflocken mit Milch und Wasser aufkochen, 5-10 Minuten sanft köcheln, dann Chai-Sirup oder Honig unterrühren.

Banane und Feigen, falls verwendet, in Scheiben schneiden und darauf anrichten nach Belieben mit Kokos-Chips garnieren.

OVERNIGHT OATS

3 EL GEHACKTES TROCKENOBST (Z. B. APRIKOSEN, DATTELN)
¾ TASSE KERNIGE HAFERFLOCKEN
2 TASSEN MILCH, MANDEL- ODER HAFERDRINK
1 EL CHIA-SAMEN NACH BELIEBEN
2 EL HONIG ODER AGAVENDICKSAFT
150 G JOGHURT
1 TASSE FRISCHER OBSTSALAT

Das Trockenobst sehr klein schneiden. Mit Haferflocken, Milch, den Chia-Samen, falls verwendet, und 1 Esslöffel Honig am Vorabend in einer Schüssel verrühren und gekühlt über Nacht quellen lassen.

Am Morgen auf zwei Schüsseln, Tassen oder Gläser verteilen. Obstsalat und Joghurt als Topping daraufgeben und mit dem verbliebenen Honig beträufeln.

MILCHREIS

1 TASSE MILCHREIS
4 TASSEN MILCH
2 EL ROHRZUCKER, HONIG ODER AGAVENDICKSAFT
1 EL BUTTER
1 PÄCKCHEN VANILLEZUCKER UND PRISE ZIMT NACH BELIEBEN

In einem Topf die Butter zerlassen, anschließend den Rundkornreis kurz in der Butter anschwitzen. Milch, Zucker und Vanillezucker, falls verwendet, zugeben. Alles unter vorsichtigem Rühren sanft köcheln lassen. Gründlich über den Boden rühren, damit nichts ansetzt.

Den Milchreis im geschlossenen Topf auf kleinster Flamme 25–30 Minuten (oder nach Packungsanweisung) sanft köcheln lassen. Nach der Hälfte der Zeit einmal gründlich umrühren.

Schmeckt warm und kalt. Da Milchreis beim Abkühlen weiter quillt, muss bei späterem Verzehr evtl. zusätzliche Milch eingerührt werden.

TOPPING-VORSCHLÄGE:

- Erdbeer-Rhabarber-Konfitüre (Rezept Seite 31)
- Zwetschgenröster (Rezept Seite 31)
- frische Mango, Ananas und Kokosraspel
- 4 EL Trail Mix „Power Push" (Rezept Seite 39) mit 1 EL Honig und 2 EL Wasser kurz aufkochen
- frische Beeren, klein geschnittenes Obst oder gewürfelte und kurz gedünstete Apfelstücke mit Zimt und 1 TL Rohrzucker oder Honig und ein paar Nüssen – extrem lecker!

ANDEN-FRÜHSTÜCK MIT QUINOA

Diese Frühstücksidee habe ich in Peru beim Bergsteigen entwickelt. Wirklich genial und super gesund, nur nicht auf 6000 m Höhe, denn da wird Quinoa einfach ewig nicht gar.

½ TASSE QUINOA
½ TL ZIMT
2 EL ROSINEN
1 TASSE MILCH, MANDEL- ODER HAFERDRINK
1 APFEL
2 EL HONIG
WALNUSSKERNE UND APFELSPALTEN NACH BELIEBEN

Die Quinoa mit Zimt und Rosinen vermischen, mit der Milch in einem Topf mit aufgelegtem Deckel langsam zum Kochen bringen und bei geringer Hitze 10–12 Minuten kochen, dabei gelegentlich umrühren. Sollte die Milch vorzeitig aufgesogen sein, ein paar Esslöffel Wasser zugeben. Den Kocher ausschalten und den Brei noch 5 Minuten quellen lassen.

Apfel mit Schale reiben und mit dem Honig unter den Brei rühren. Nach Belieben mit Walnüssen und Apfelspalten garniert servieren.

TRAUMBERG ALPAMAYO

Tagesbuchauszug meiner Peru-Expedition

TAG 37

Es ist der 17.08.2011, 8.00 Uhr morgens. Das Taxi holt mich mit einer halben Stunde Verspätung ab. Heute geht es Richtung Alpamayo und Quitaraju. Doch zuerst noch in Sergios Büro. Chaos. Zurück in die Pension, ich hole Trockennahrung und die Reste unserer Einkäufe. Wir halten erneut in Caraz, um mit meinen letzten Reserven an Bargeld die Vorräte für die kommende Woche am Berg aufzustocken. Mir bleiben ganze 10 Centimos übrig, aber auf 6000 m Höhe kann man sowieso nichts einkaufen. Wir sind spät dran, und erst in der Mittagshitze erreichen wir unseren Ausgangspunkt für das Santa-Cruz-Tal, Cashapampa. Wieder Stress beim Beladen der Esel (diese bringen die schwere Ausrüstung bis ins Basislager), als wir endlich auf 2950 m losmarschieren, ist es bereits Mittag.
Die tiefe Schlucht mit ihren mehrere hundert Meter hoch aufragenden Felswänden ist die reinste Backstraße. Schweißnass kommen wir uns wie gesalzene Brezen im Ofen vor, während wir nach oben keuchen. Die Schlucht ist aber wunderschön, ein klarer Fluss schlängelt sich gurgelnd an unserem Weg entlang, unten wachsen viele Kakteen und Azaleen. Die Bäume sind mit Bromelien-artigen Epiphyten überzogen, es herrscht ein deutlich wärmeres Klima als in der Ishinca-Schlucht. Als wir endlich nach gut 800 Höhenmetern Aufstieg unseren ersten Lagerplatz erreichen, haben wir eine Strecke von etwa 10 km zurückgelegt und sind jetzt auf 3750 m. Wir warten mit knurrenden Mägen auf die Ankunft der Esel mit unserem Gepäck. Als diese endlich eintreffen, dämmert es bereits. Eilig bauen wir die Zelte auf und stellen genervt fest, dass eines der beiden nicht mehr tauglich für das Hochlager ist. Dann bereite ich ein improvisiertes Abendessen zu, und wir verschwinden ins Zelt.

TAG 38

Nach dem Frühstück brechen wir das Lager ab und starten gegen 9.00 Uhr in Richtung Basislager. Relativ eben liegt das breiter werdende Santa-Cruz-Tal vor uns. Wir gelangen in eine an Afrika erinnernde Sumpflandschaft, in der ein große und wunderbar türkis schimmernde Lagune liegt.
Unweit der Lagune verlassen wir das Haupttal und biegen in ein immer steiler ansteigendes Seitental ab. Nach einer weiteren Stunde gelangen wir auf 4350 m zum Basislager des Alpamayo. Es ziehen zunehmend Wolken auf, aus denen es auch immer wieder etwas tröpfelt. Anscheinend lagert der Summit-Club mit einer zwölfköpfigen Trekking-Gruppe bereits im nächsthöheren Lager, dem Moränenlager. Dieses wollen wir morgen Mittag passieren und danach gleich weiter bis ins Hochlager aufsteigen. Hier kommen keine Trekker mehr hin. Hoffentlich bessern sich das Wetter und mein Magen bis morgen Mittag wieder!

TRAUMZIEL ALPAMAYO

TAG 39

Es soll ein Tag werden, an dem ich all meine Kräfte aufbringen muss. Gegen 7.30 Uhr verlasse ich mit dem gut 25 kg schweren Rucksack das Basislager und breche Richtung Campo 1 auf. Kein Esel mehr kann in diesem Gelände Lasten tragen, sie bleiben also zurück. Heute zeigt sich mal wieder die Sonne und heizt mir beim Aufstieg kräftig ein. Bald habe ich einen tollen Blick auf eine große Lagune, in die laut krachend ein großer Gletscher kalbt. Blas schließt zu mir auf, und wir passieren das Moränenlager. Auf ca. 5100 m beginnt endlich, nach elender Block-Tänzelei, der Gletscher. Wir seilen an, und das immer steiler werdende Gelände kostet mit dem schweren Rucksack unglaublich viel Kraft. Der Rücken und die Hüfte schmerzen, die Oberschenkel brennen unter der Last. Endlich gelangen wir auf ca. 5550 m in die Einsattelung, von der wir schließlich auf der anderen Seite zu dem auf 5500 m liegenden Platz für das Hochlager absteigen. Nach sieben Stunden und 1200 Höhenmetern mit schwerem Gepäck bin ich total platt und nicht sicher, ob ich in der kurzen Nacht die Kraft für den Gipfelaufstieg zum Alpamayo sammeln werde. Jetzt noch das Zelt aufstellen, die Kletterausrüstung sortieren, essen und schnell schlafen.

TAG 40

Der Wecker klingelt unbarmherzig um 1.30 Uhr, in der Nacht hat es gegraupelt, es ist kalt und bewölkt. Um 2.15 Uhr steigen wir im Schein der Stirnlampen Richtung Bergschrund auf. Als wir diesen erreichen, offenbart sich gleich die erste Schlüsselstelle. Gut zehn Meter senkrechtes und abdrängend überhängendes Eis sind zu überwinden. Dann folgt eine heikle Querung auf einem winzigen Band über den tief eingeschnittenen Schrund.

Jetzt sind wir in der Rinne der "French-Direct"-Route. Das ist die anspruchsvollere und steilere Route im Vergleich zu "Ferrari"-Route, aber auch die objektiv sicherere. Das Wetter passt leider so gar nicht für die Besteigung meines Traum-Bergs. Im dichten Nebel der umherziehenden Wolken verschwindet das Seil hoch über mir im Nichts. Auch unter mir kann ich nicht viel erkennen, was das Gefühl der vollen Ausgeliefertheit deutlich minimiert. Die ersten Seillängen nach dem Schrund klettern wir in der ca. 70 Grad steilen, mit sehr hartem Trittfirn gefüllten Rinne rasch empor. Schließlich endet der Schnee und geht in glashartes, sprödes Blankeis über. Es ist anstrengend, die Eisgeräte gut zu platzieren, und auch die Steigeisen verlangen nach einem ziemlich kräftigen Kick, um Halt zu finden. Das Sichern macht uns dagegen wenig Probleme, in dem harten Eispanzer können wir die Eisschrauben meist perfekt anbringen. Voller Fokus auf das Hier und Jetzt.

In der 6. Seillänge steilt das Gelände nochmals etwas auf, und wir klettern in der enger werdenden Rinne bei einer Neigung von ca. 80 Grad. Kurze Löcher in den Wolken gewähren mir einen Tiefblick in das bereits gut 400 m unter uns liegende Hochlager. Ansonsten habe ich eher das Gefühl von ernster, russischer Winter-Kletterei. Ich bin froh über meine zweischaligen Schuhe, trage zwei Paar Socken, bekomme trotzdem am Standplatz kalte Zehen. Meine Finger frieren, und es ist überhaupt eine recht ungemütliche und unglaublich anstrengende nächtliche Kletterei auf dieser Höhe.

Langsam dämmert der Morgen, und der graue Lichtkegel der Stirnlampen weicht dem noch graueren Tageslicht.

Nach weiteren zwei Seillängen haben wir um 8.00 Uhr endlich den Gipfel erreicht. Das tiefe Glücksgefühl will sich diesmal so gar nicht einstellen. Die letzten zwei Tage haben mich sehr viel Kraft gekostet. Trotzdem stehen wir am Gipfel meiner Träume. Unsere Seilschaft wird für eine Woche auch die einzige bleiben, die dieses Ziel erfolgreich erreichen konnte.

Der Aufenthalt auf dem knapp 6000 m hohen Gipfel ist kurz, ein paar Fotos, ein Schluck Tee, ein hart gefrorener Riegel.

Dann beginnen wir mit der Abseilfahrt. Das ist wohl der angenehmste Teil des Tages, kein anstrengender Abstieg wartet auf uns. Und doch ist vollste Konzentration vonnöten. Gewissenhaft prüfen wir bereits vorhandene Eissanduhren und Schlingen. Kein Fehler darf beim Seileinhängen und der Selbstsicherung passieren, trotz aller Müdigkeit.

Als wir das Lager erreichen, ist es 10.30 Uhr, acht Stunden haben wir für die Tour gebraucht. Sechs für die Kletterei, zwei für das Abseilen und den Abstieg. Keine schlechte Zeit. Das Wetter hat sich leider nicht gebessert, und es ist Zeit für eine Siesta. Ich bin natürlich trotzdem dankbar für den Gipfel und unsere sichere Wiederkehr. Das waren die anstrengendsten 24 Stunden, die ich beim Bergsteigen je erlebt habe.

Die Emotionen zur erfolgreichen Besteigung sollten mich erst Tage später überrollen. Die Frage, warum man sich in solche Grenzsituationen begibt, ist einfach zu beantworten. Man spürt sich selbst, das ganze Dasein. Wirft sein Können in die Waagschale. Man steckt sich Ziele, und egal, ob alle erreicht werden, ist bereits der Versuch alle Mühen wert.

DAS SUPER-SPIEGELEI

1 EL RAPSÖL
6 KIRSCHTOMATEN
2 LAUCHZWIEBELN
4 EIER
SRIRACHA ODER 1 FRISCHER CHILI
SALZ, PFEFFER
FRISCH GEHACKTE GEMISCHTE KRÄUTER

OLIVEN, RUCOLA, SPINAT, SPECK, PARMASCHINKEN NACH BELIEBEN

Das Rapsöl in einer Pfanne erhitzen. Die Kirschtomaten halbieren und die Lauchzwiebeln in Ringe schneiden und beides kurz anschwitzen. Die Eier darüber aufschlagen und die Hitze reduzieren. Mit Salz, Pfeffer und Sriracha würzen. Falls statt der Sriracha ein frischer Chili verwendet wird, diesen ohne Samen in Ringe schneiden und mit den Tomaten dünsten. Mit den Kräutern bestreut servieren. Das Ganze nach Belieben mit Oliven, Rucola, Spinat, Speck oder Parmaschinken anreichern.

Falls ihr ein Sprossenglas im Camper habt, passen die Sprossen auch gut dazu.

VIER-MINUTEN-TEE-EIER

2–4 EIER
2 GROSSE TASSEN KALTES WASSER
2 TEEBEUTEL

Die Eier anpiksen und in einen Topf mit dem kaltem Wasser legen, den Deckel aufsetzen und das Wasser einmal aufkochen. Sofort den Kocher ausschalten, die Teebeutel ins Wasser hängen und ab jetzt 4 Minuten stoppen.

Eier und Teebeutel nach 4 Minuten aus dem Topf nehmen. Tee und perfekt wachsweiche Frühstückseier heiß genießen.

Spart Zeit, Gas und Wasser!

Natürlich bekommt ihr so auch ohne Teebeutel perfekte Frühstückseier hin und spart dabei Gas. Verwendet dann das heiße Wasser z.B. zum Abspülen des Frühstücksgeschirrs.

WESTERNFRÜHSTÜCK

Ein echter Klassiker, der nicht nur bei Western-Fans die Herzen höher schlagen lässt. Der Power-Boost für einen aktiven Tag, der euch mit allem versorgt, was ihr vor dem Start braucht, um eure Akkus zu laden. Yeehaw, seid heute mal Zweirad-Cowboys und -girls!

- 1 DOSE (400 G) BAKED BEANS
- CHILIPULVER
- 4–6 SCHEIBEN BACON
- 2 EL RAPSÖL
- 4 EIER
- 1 SÜSSKARTOFFEL
- 1 BIO-ORANGE
- 2 EL AHORNSIRUP
- SALZ, PFEFFER

Die Bohnen in einem Topf langsam erwärmen und mit Salz, Pfeffer und Chili abschmecken.

Den Bacon mit 1 EL Rapsöl in der Pfanne knusprig anbraten, die Eier als Spiegelei darüber aufschlagen und pfeffern. (Bacon ist meist schon salzig genug.)

Jetzt wird es raffiniert: Die Süßkartoffel schälen und reiben, die Orange heiß waschen und die Schale abreiben. Beides mit Ahornsirup, Salz und Pfeffer mischen und in einer Pfanne mit 1 EL Rapsöl zu einem Rösti oder lose braten. Die Orange schälen und danach essen.

Bohnen, Eier und Rösti zusammen anrichten und mit Vollgas in den Tag starten.

TIPP:

Statt Baked Beans könnt ihr eine Dose Kidneybohnen nehmen, abgießen und 2 EL Tomatenmark plus etwas Wasser einrühren.

EVERY DAY OUTDOORS
RESTORES THE SOUL!

POWER-FRITTATA MIT HAFERFLOCKEN

Dank der Haferflocken liefert die Frittata anders als ein normales Omelett langanhaltende Energie, macht lange satt und schmeckt dabei noch total lecker.

1 TOMATE
4 EIER
½ TASSE ZARTE HAFERFLOCKEN
2 BAGEL ODER VOLLKORNBRÖTCHEN
½ PORTION AVOCADO-DIP (REZEPT SEITE 87)
SALZ, PFEFFER

RAPSÖL ZUM BACKEN
1 HANDVOLL FRISCH GEHACKTE GEMISCHTE KRÄUTER ODER JUNGEN SPINAT SOWIE FETA NACH BELIEBEN

Die Tomaten halbieren, die Kerne entfernen, das Fruchtfleisch würfeln und mit Eiern und Haferflocken verquirlen. In einer Pfanne mit etwas Rapsöl auf mittlerer Stufe ein Omelett backen. Die Bagel aufschneiden, mit Avocado-Dip bestreichen und mit je einem halben Omelett belegen.

MORNING MUNCH

DAS MEGA-SANDWICH

Ich liebe einfach Sandwiches am Morgen. Man kann alles verwenden, was man gerade da hat, oft auch Reste vom Vortag. Egal ob Steak-Stücke, Hühnerstreifen, Antipasti oder gekochte Eier von der Brotzeit. Die Variationsmöglichkeiten sind unendlich, seid kreativ und plündert eure Kühlbox!!!

4 SCHEIBEN VOLLKORNBROT
1 GEHÄUFTER EL FRISCHKÄSE, ALTERNATIV PESTO ODER HUMMUS (REZEPTE SEITE 27, 86/87)
1 VOLLREIFE AVOCADO
1 TOMATE
½ BUND ODER PACKUNG RUCOLA
2 SCHEIBEN KÄSE (Z. B. BERGKÄSE)
SALZ, PFEFFER

FRISCHE SPROSSEN ODER KRESSE NACH BELIEBEN

Die Brotscheiben mit Frischkäse, Pesto oder Dip bestreichen, Avocado und Tomate in Scheiben schneiden, den Rucola waschen und trocken schütteln, evtl. die Blätter quer halbieren. Alle Zutaten auf zwei Scheiben Brot verteilen, würzen und die zweite Scheibe auflegen.

HERZHAFTE PANCAKES MIT HÜTTENKÄSEFÜLLUNG

Eine köstliche Variante zu süßen Pancakes, die schnell zubereitet ist. Leicht und gesund, macht trotzdem wirklich pappsatt.

TEIG
1 TASSE DINKELMEHL
1 TASSE MILCH
2 EIER
2 EL GERIEBENER PARMESAN
FRISCH GEHACKTE GEMISCHTE KRÄUTER
SALZ, PFEFFER

TOPPING
200 G HÜTTENKÄSE
RAPS- ODER SONNENBLUMENÖL ZUM BACKEN
OLIVEN, GURKE, TOMATE, SPROSSEN NACH BELIEBEN

Das Mehl in einer kleinen Schüssel mit etwas Milch glatt rühren, damit später keine Klumpen entstehen. Die restliche Milch, Eier und Parmesan unterrühren, mit Salz und Pfeffer würzen und die Kräuter einstreuen.

Den Hüttenkäse mit Salz und Pfeffer würzen. Nach Belieben die Oliven halbieren, Gurke und Tomaten fein würfeln und einrühren. Falls ihr ein Sprossenglas im Camper habt, passen die Sprossen auch super dazu.

Die Pancakes in einer Pfanne ausbacken. Entweder etwas Hüttenkäsemischung in die Mitte geben und den Pancake zuklappen oder aufrollen oder die Füllung zwischen zwei Pancakes verstreichen.

BOULDERN

DIE KREATIVE BEWEGUNGSFREIHEIT

Als die ersten Boulderer mit den großen, matratzenartigen Crashpads (Matten) auf den Rücken geschnallt durch heimische Berge und Wälder spazierten, staunten die meisten Wanderer, Bergbauern und Hüttenwirte nicht schlecht über dieses bunte, muskelbepackte Völkchen.

Heute ist Bouldern ein echter Trendsport, überall entstehen künstliche Anlagen, und neue Felsgebiete werden entdeckt und erschlossen. Seit über zehn Jahren gibt es auch eine offizielle Weltmeisterschaft.

Aber zunächst mal: Was ist Bouldern genau, und woher kommt dieser Sport? Bouldern (aus dem engl. "Boulder" für Felsblock) wird seit den 1960er-Jahren verstärkt von Sportkletterern zu Trainingszwecken betrieben. Es ist eine Spielart des Kletterns, allerdings ohne Seil und in Absprunghöhe. Zur Sicherheit gibt es sogenannte "Crashpads", also transportable Weichbodenmatten, und "Spotter", also andere Boulderer, die mit ausgestreckten Armen einen eventuellen Sturz des gerade Kletternden sicher auf die Matte leiten sollen. Bouldern gilt als junge, eigenständige Sportart – und dazu auch noch als eine sehr soziale und sozialisierende. Stimmt, man ist nie lange allein. Wenn man sich in ein Problem vertieft, wird angefeuert, gespottet, und gemeinsam gelingen dann die Lösungen oft besser.

KLEINES BOULDER-ABC

CHALKBAG: Magnesia-Beutel zum Trocknen der Hände
CRASHPAD: tragbare Weichboden-Matte
DYNAMO: durch eine Körperwelle eingeleitet, Sprung zum nächsten Griff
FB BLOC: Fontainebleau-Schwierigkeitsskala (entwickelt im französischen Traditions-Bouldergebiet Fontainebleau bei Paris)
FLASH: erfolgreicher Durchstieg beim ersten Versuch
GROUNDER: Bodensturz, besser nicht ausprobieren!
HIGHBALL: sehr hoher Boulder, Absprung gefährlich!
HOOK: (TOE-, HEEL-) Klammertechnik mit dem Fuß, der Ferse oder den Zehen
Mantle: Stütztechnik, wird oft zum Ausstieg auf einen Block benötigt
PROBLEM: definierte Boulder-Route
SPOTTEN: Sturz-Sicherung durch andere Boulderer

THE MOUNTAINS
ARE MY HOME

QUICK REFUEL

SCHNELLES POWERFOOD

Die Natur entdecken, aktiv sein, an der frischen Luft Sport treiben, all das macht natürlich hungrig. Mittags auf einen kurzen Boxenstop zurück zum Bus? Hier findet ihr schnelle, leckere und gesunde Lunchsnacks, die euch wieder auftanken für die nächste Runde auf dem Trail. Auch eignen sich einige Rezepte perfekt als Trail Food zum Mitnehmen im Rucksack, wenn ihr eine Ganztages-Tour plant. Gerade da zeigt sich, dass Essen so richtig glücklich machen kann. Während am Gipfelkreuz neben euch andere auf einem trockenen Stück Semmel herumkauen oder sogar ein Kohlenhydrat-Gel aufreißen, lasst ihr es lieber ordentlich krachen und genießt den Gipfelsieg auch kulinarisch in vollen Zügen. Wir Bayern sagen „Wer ko, der ko" (Wer kann, der kann eben).

PANZANELLA

Dieser Salat eignet sich perfekt zur Verwertung von Brotresten.

½ BAGUETTE ODER
2–3 SEMMELN VOM VORTAG
2 EL OLIVENÖL
1–2 KNOBLAUCHZEHEN
20 REIFE KIRSCHTOMATEN
ODER 4–5 REIFE STRAUCHTOMATEN
1 GROSSE ROTE ZWIEBEL
2 HANDVOLL BASILIKUMBLÄTTER

DRESSING
2 EL ROTWEIN- ODER
WEISSWEINESSIG
4 EL OLIVENÖL
1 TL BRAUNER ZUCKER
SALZ, PFEFFER

Das Brot in Würfel schneiden und mit Olivenöl in einer Pfanne goldbraun rösten. Den Knoblauch zerdrücken und kurz mitrösten, wenn das Brot schon Farbe annimmt.

Die Tomaten klein schneiden und die Zwiebel fein würfeln. Ein paar Basilikumblätter für die Garnitur beiseitelegen, den Rest mit der Küchenschere in Streifen schneiden.

Alle Salatzutaten in einer Schüssel vermengen.

Für das Dressing alle Zutaten in einem Schraubglas verschütteln oder in einer kleinen Schüssel verrühren. Mit Salz und Pfeffer abschmecken, über den Salat gießen, nicht zu lange ziehen lassen und mit den beiseitegelegten Basilikumblättern garnieren.

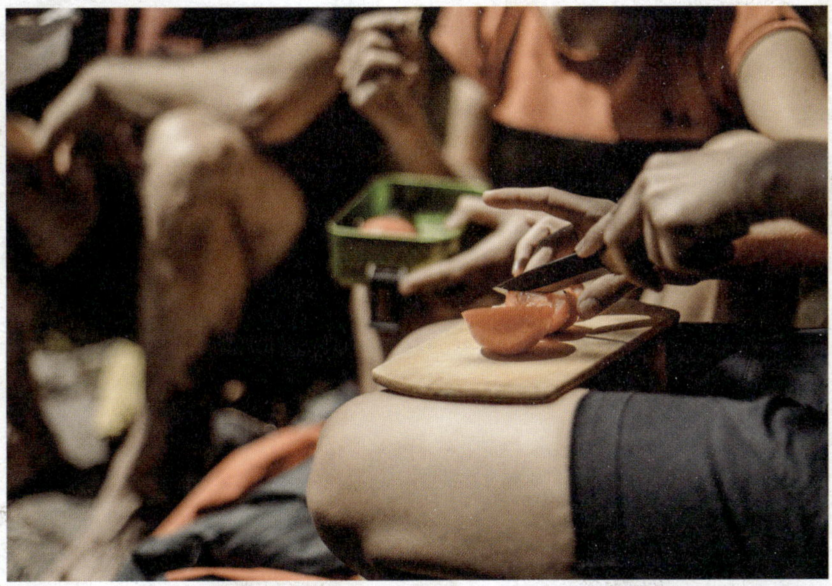

CAESAR SALAD

1–2 ROMANASALATE ODER SALATHERZEN, ½ BAGUETTE ODER 1 BRÖTCHEN VOM VORTAG, 2 EL OLIVENÖL, DRESSING: 1 KNOBLAUCHZEHE, 1 EIGELB, 1 TL SENF, 1 BIO-ZITRONE, 6 EL OLIVENÖL, ½ TL ROHRZUCKER, SALZ, PFEFFER, FRISCH GEHOBELTER PARMESAN ZUM BESTREUEN, AVOCADO ODER GEBRATENE HÄHNCHENBRUSTSTREIFEN NACH BELIEBEN

Den Salat waschen, schleudern und grob zerkleinern. Das Brot würfeln und mit 2 Esslöffeln Öl in einer Pfanne anrösten. Für das Dressing den Knoblauch fein hacken und mit dem Eigelb und dem Senf in einer Schüssel verrühren. Die Zitrone heiß abwaschen und die Schale abreiben. Zum Eigelb geben. Die Zitrone dann auspressen und den Saft dazugießen. Unter ständigem Rühren das Olivenöl eintröpfeln lassen, bis ein cremiges Dressing entsteht. Mit Zucker,Salz und Pfeffer abschmecken.

Salat mit Dressing anmachen und die Croûtons sowie reichlich Parmesanhobel darüberstreuen. Mit gebratenen Hähnchenbruststreifen oder Avocadostücken wird eine leichte Hauptspeise daraus.

ORANGEN-FENCHEL-SALAT MIT FETA

Dieser Salat ist super zum Mitnehmen in einer (dicht schließenden!) Box, als schnelle Beilage z. B. zu Fisch oder Geflügel oder als leichte Zwischenmahlzeit, dann am besten mit gerösteten Pinienkernen oder Nüssen bestreuen.

1 FENCHELKNOLLE
2 ORANGEN
1 KOHLRABI NACH BELIEBEN
150 G FETA
FRISCHE KRÄUTER, Z. B. BASILIKUM ODER PETERSILIE

DRESSING
2 EL HELLER BALSAMICO- ODER OBSTESSIG
3 EL OLIVENÖL
½ TL KURKUMA NACH BELIEBEN
½ TL ROHRZUCKER
SALZ, PFEFFER

Die Fenchelknolle putzen, den Strunk entfernen und das Grün aufheben. Den Fenchel in sehr feine Streifen schneiden. Den Kohlrabi, falls verwendet, ebenso vorbereiten. Die Orangen mit einem scharfen Messer so schälen, dass keine weiße Haut übrig bleibt. Filetieren oder in Stücke schneiden. Auslaufenden Saft auffangen und in die Salatschüssel geben. Den Feta würfeln oder zerbröseln, die Kräuter und das Fenchelgrün hacken. Alle Salatzutaten in der Salatschüssel vermengen.

Alle Zutaten fürs Dressing in einer kleinen Schale verrühren, über den Salat gießen und 10 Minuten ziehen lassen.

TABOULEH

Genial zum Mitnehmen in einer Box, als schnelle Beilage oder als eigenständige Zwischenmahlzeit.

2–3 TASSEN BIO-GEMÜSEBRÜHE
½ TL RAS EL-HANOUT (ARABISCHE GEWÜRZMISCHUNG)
1 TASSE INSTANT-COUSCOUS ODER BULGUR
1–2 KNOBLAUCHZEHEN
2 GROSSE, REIFE TOMATEN
1 PAPRIKA
1 KAROTTE
3 LAUCHZWIEBELN ODER 1 ROTE ZWIEBEL
1 BUND GLATTE PETERSILIE
1 BIO-ZITRONE
4 EL OLIVENÖL
SALZ, PFEFFER
FRISCH GEHACKTE MINZE ODER CHILIFLOCKEN NACH BELIEBEN

Die Brühe aufkochen und mit Ras el-Hanout, Pfeffer und Salz würzen. Den Couscous in einer Schüssel mit der Brühe übergießen und quellen lassen. Wenn ihr Bulgur verwendet, muss dieser länger ziehen oder sogar ein paar Minuten kochen und braucht möglicherweise mehr Flüssigkeit. Bitte die Packungsanweisung beachten.

Den Knoblauch fein hacken, Tomaten und Gemüse putzen und in kleine Stücke schneiden, die Zwiebeln sehr fein würfeln und die Petersilie hacken. Wenn Couscous oder Bulgur abgekühlt sind, alle Zutaten in einer Schüssel vermengen.

Die Zitrone heiß abwaschen, etwas Schale abreiben, dann die Zitrone auspressen. Das Tabouleh mit Zitronenschale und -saft sowie Olivenöl übergießen, noch einmal abschmecken und etwas ziehen lassen.

QUINOASALAT

Quinoa ist DAS Kraftkorn aus dem Reich der Inkas. Es ist glutenfrei, ein hochwertiger Eiweißlieferant und reich an Omega-3-Fettsäuren! Also ideal für sportlich Aktive, schmeckt auch toll unterwegs aus der Lunchbox. Probiert den erfrischenden Joghurt-Dip (Rezept Seite 87) dazu!

½ TASSE QUINOA
1–1 ½ TASSEN BIO-GEMÜSEBRÜHE
½ WEISSE ODER ROTE ZWIEBEL ODER 1 SCHALOTTE
1 TOMATE
1 PAPRIKA
½ BUND PETERSILIE ODER KORIANDER
4 EL FRISCH GEPRESSTER ZITRONENSAFT ODER HELLER BALSAMICO-ESSIG
4 EL HOCHWERTIGES OLIVENÖL
SALZ, PFEFFER

SRIRACHA, OLIVEN UND FETA NACH BELIEBEN

Die Quinoa waschen, abtropfen lassen und mit der gesamten Brühe aufkochen. 15 Minuten köcheln, dann von der Hitzequelle nehmen und 5 Minuten quellen lassen. Die Quinoa sollte nun die gesamte Flüssigkeit aufgesogen haben.

Die Zwiebel in feine Würfel schneiden, Tomate und Paprika in kleine Stücke schneiden und alles roh oder kurz angeschwitzt zur Quinoa geben. Die Kräuter hacken und darüberstreuen.

Zitronensaft oder Essig mit dem Öl verrühren und salzen und pfeffern. Unter den Salat heben und final abschmecken.

Quinoasalat schmeckt auch zu gegrilltem Fisch, Fleisch oder zu Falafel (Rezept Seite 84).

TOMATENSALAT PERFEKT

Für einen wirklich perfekten Tomatensalat braucht ihr perfekt gereifte Tomaten. Die haben nichts im Kühlschrank oder in der Kühlbox verloren, denn nur bei Umgebungstemperatur entfalten sie ihr ganzes Aroma!

6 MITTELGROSSE, VOLLREIFE STRAUCHTOMATEN
½ WEISSE ODER ROTE ZWIEBEL ODER 1 SCHALOTTE
½ BUND PETERSILIE, SCHNITTLAUCH ODER BASILIKUM
3 EL BALSAMICO-ESSIG
4 EL HOCHWERTIGES OLIVENÖL
1 PRISE ZUCKER
SALZ, PFEFFER

Die Tomaten waschen und in Achtel schneiden. Die Zwiebel fein würfeln und die Kräuter hacken. Mit Zucker, Salz und Pfeffer würzen und den Essig darübergießen. Alles mischen, dann erst Öl und Kräuter zugeben. 5 Minuten ziehen lassen, final abschmecken.

Entweder nur mit einem Stück Baguette als leichten Lunch genießen oder als Beilage servieren.

BRUSCHETTE UND CROSTINI

Crostini und Bruschette sind klassische italienische Appetizer, lassen sich wunderbar bunt gemischt anbieten und machen immer alle glücklich.

Crostini werden meist mit einem Aufstrich serviert, Bruschette werden mit Olivenöl beträufelt und mit gewürfelten Tomaten etc. serviert. Bei beiden wird das Brot vorher angeröstet. Vor allem, wenn ihr verschiedene Pesti zu Hause vorbereitet habt, geht das Anrichten schnell und der Aufwand vor Ort ist gering.

Das Geheimnis dieser kleinen, feinen Brote ist ein gutes Baguette oder eine feine Ciabatta. Egal ob mit oder ohne Körner, mit Oliven, getrockneten Tomaten – erlaubt ist, was euch schmeckt. Am besten grillt oder toastet (das geht auch auf dem Gaskocher oder in einer Pfanne) ihr die Brotscheiben leicht goldbraun und kross von beiden Seiten und lasst sie wieder abkühlen.

CROSTINI

Als Aufstrich könnt ihr super die Dips mit Thunfisch oder Avocado (Rezept Seite 87), aber auch die Pesti (Rezept Seite 27) verwenden und diese dann noch weiter kreativ belegen und garnieren, etwa mit Parmaschinken, Oliven, Kapernäpfeln usw. Was auch immer gut ankommt, sind (Ziegen-)Frischkäse, frische Feigen, Walnüsse und ein Klecks Honig.

BRUSCHETTE

- 2 FRISCHE, REIFE TOMATEN (AUCH KÖSTLICH: 10 REIFE KIRSCHTOMATEN)
- ½ WEISSE ODER ROTE ZWIEBEL
- 1 KNOBLAUCHZEHE
- 10 BASILIKUMBLÄTTER
- 2 EL OLIVENÖL
- SALZ, PFEFFER

Tomaten und Zwiebel fein würfeln, den Knoblauch fein hacken. Alle Zutaten in einer Schale vermengen, mit Salz und Pfeffer abschmecken und auf die gerösteten Brotscheiben geben. Mit Olivenöl beträufeln und nach Belieben noch frischen Pfeffer darüber mahlen.

TIPP:

Besonders sommerlich-fruchtig wird es, wenn ihr noch ein paar kleine Melonenwürfel und frisch gehackte Minze dazugebt.

ZWIEBEL SCHNEIDEN

SO GEHT'S RICHTIG

Vor dem Schneiden kommt aber erst das Schälen. Leicht geht das mit einem kleinen Messer. Ist die Schale hartnäckig oder wollt ihr viele Zwiebeln schälen, könnt ihr sie vorher kurz in lauwarmen Wasser baden. Das macht die Schale geschmeidig und die Zwiebel ist leichter zu schälen. Den Strunk (das ist das Ende der Zwiebel mit den feinen Wurzeln) nicht abschneiden! Der hält die Zwiebel beim Schneiden zusammen. Prüft die Zwiebel auf Schimmel und Druckstellen. Diese, falls vorhanden, großzügig wegschneiden oder die ganze Zwiebel aussortieren. Schimmel pflanzt sich auch unsichtbar in der Zwiebel fort, ist ungesund und lässt sie außerdem muffig schmecken.

Jetzt die Zwiebel der Länge nach mit einem möglichst scharfen Messer halbieren, also mitten durch den Strunk und die obere Triebspitze. Schneidet ihr mit stumpfen Messern, treten die ätherischen Öle aus und sind Schuld, dass euch die Tränen in die Augen steigen.

Die Zwiebelhälften mit der Schnittseite aufs Schneidbrett legen. Jetzt kann es richtig losgehen. Es gibt mehrere Schnittformen, die ihr erzielen könnt. Meist braucht ihr „Brunoise", also sehr feine Würfel. Oder „Juliennes", das sind lange, sehr dünne Streifen, die braucht man z. B. für Tomatensalat oder Ceviche.

Die sicherste Methode zum Halten ist der **„Krallengriff"**. Dabei werden die Fingerkuppen der Hand, die die Zwiebel hält, etwas nach innen gezogen (eingekrallt) und das Messer an den Fingerknöcheln entlanggeführt.

Für **Brunoise** einige senkrechte, parallele Schnitte von der Spitze Richtung Strunk machen, ohne diesen zu zerteilen. Dann quer dazu – so definiert ihr eure Würfelgröße. Jetzt senkrecht im gleichen Abstand Würfel abschneiden und den Strunk am Ende übrig lassen.

Für die **Streifen** einfach die halbierte Zwiebel quer in gleich breite Streifen schneiden. Wenn ihr Ringe wollt, verzichtet vorher auf das Halbieren. Fangt immer an der Triebspitze zu schneiden an.

FALAFEL

1 DOSE KICHERERBSEN (400 G)
ODER 1 TASSE KICHERERBSENMEHL
MIT BRÜHE VERRÜHRT
1 ROTE ODER WEISSE ZWIEBEL
2 KNOBLAUCHZEHEN
1 KLEINES BUND PETERSILIE
ODER KORIANDER
1 EIGELB
1 EL PANIERMEHL ODER
1 TL BACKPULVER
2 EL MEHL
½ TL GEMAHLENER KREUZKÜMMEL
½ TL PAPRIKAPULVER
SALZ, PFEFFER

RAPS-, SONNENBLUMEN- ODER
ERDNUSSÖL ZUM AUSBACKEN

Die Kichererbsen gut abtropfen lassen und in einer Schüssel zu Mus zerdrücken (zu Hause kann man das mit dem Stabmixer erledigen). Zwiebel und Knoblauch sowie die Kräuter fein hacken und mit den restlichen Zutaten zu einem zähen Teig verarbeiten. Am besten mit feuchten Händen Bällchen formen. In einem Topf 2-3 Finger hoch Öl erhitzen, aber nicht rauchend werden lassen, und die Bällchen darin goldbraun ausbacken. Vorsicht mit dem heißen Fett, Kinder sollten nicht an den Topf gelangen können. Mit einem Schaumlöffel herausheben und auf Küchenpapier abtropfen lassen.

Dazu passen die Dips von Seite 86/87, besonders Hummus und der Joghurt-Dip, den man dazu noch mit frischer Minze verfeinern kann. Gegessen werden Falafel traditionell in oder mit Fladenbrot. Sie bereichern aber auch Salate, Picknicks und Brotzeiten – ähnlich wie Hackbällchen. Dazu schmeckt frische Salatgurke gut.

TIPP:

Wer nicht so viel Öl zum Frittieren dabei hat, formt kleine Fladen statt Bällchen.

HUMMUS

1 DOSE GEKOCHTE KICHERERBSEN, SAFT VON 1 ZITRONE,
½ KNOBLAUCHZEHE, FEIN GEHACKT, 1 EL OLIVENÖL, 1–2 EL SESAMPASTE (TAHIN),
GEMAHLENER KREUZKÜMMEL, SALZ, PFEFFER,
PETERSILIE UND KORIANDERGRÜN, GEHACKT NACH BELIEBEN

Kichererbsen abspülen, abtropfen lassen und dann in einer Schüssel zu Mus zerdrücken. Die übrigen Zutaten untermischen und zu einem cremigem Dip verarbeiten. Mit Kreuzkümmel, Salz und Pfeffer abschmecken.

DIPS

Mit etwas in Streifen geschnittener Rohkost sind diese Dips das perfekte Trail Food für zwischendurch.

JOGHURT-ZITRONEN-DIP

1 BECHER NATURJOGHURT (250 G), SAFT VON ½ ZITRONE, SALZ, PFEFFER, GEHACKTE KRÄUTER (Z. B. BASILIKUM, PETERSILIE, KORIANDERGRÜN), WENN VERFÜGBAR

Alle Zutaten in einer Schüssel verrühren und mit Salz und Pfeffer abschmecken. Eignet sich auch super als Salatdressing, dann noch etwas Zucker, fein gehackte Knoblauchzehe und EL Öl dazugeben.

THUNFISCH-DIP

1 DOSE THUNFISCH IM EIGENEN SAFT (LACHS ODER MAKRELE GEHEN AUCH), SAFT VON ½ ZITRONE, 1 HANDVOLL SCHNITTLAUCH ODER, PETERSILIE, GEHACKT, ½ ROTE ZWIEBEL,GEHACKT, SALZ, PFEFFER

Fisch in einer Schüssel zerdrücken, alle Zutaten zu einer cremigen Paste verarbeiten und abschmecken.

AVOCADO-DIP

1 REIFE AVOCADO, SAFT VON ½ ZITRONE, SRIRACHA, SALZ, PFEFFER, NACH BELIEBEN ½ FEIN GEHACKTE KNOBLAUCHZEHE, ½ FEIN GEWÜRFELTE TOMATE SOWIE FRISCHE KRÄUTER

Die Avocado schälen, den Kern entfernen und das Fleisch mit einer Gabel zerdrücken, mit Zitronensaft marinieren und mit der Chili-Sauce, Salz und Pfeffer abschmecken.

MALOJA

BROTZEIT AT ITS BEST

Eine Brotzeit schmeckt immer und überall. Ohne etwas vorzukochen, lässt sich schnell und unkompliziert ein bunter Tisch oder eine Picknickdecke mit Leckereien bestücken. Damit ihr auch nichts vergesst, gibt es hier einige Tipps und Tricks für das perfekte Picknick.

GIPFELBROTZEIT

Den Rucksack packt man möglichst platz- und gewichtsoptimiert. Auf ausreichend Wasser darf dabei nie verzichtet werden! Bei mir gibt's trotzdem am Gipfel auch mal ein kleines Gipfelbier oder einen Espresso aus der Minikanne. In die Brotzeitbox kommt, was gerade da ist, meist Brot, Speck, Wurst, Käse, Tomaten und Gurke. Bananen geben euch anhaltend und schnell neue Energie, Äpfel erfrischen. Beim Frühstück ein paar Eier zusätzlich kochen oder die Reste vom Vortag gut verpacken. Frischkäse eignet sich gut zum Mitnehmen, denn er schmilzt nicht so schnell wie Butter. Und ihr habt neben einem Brotaufstrich gleich einen einfachen Dip für Gemüse-Sticks, z. B. aus einer Karotte.

LUXUSPICKNICK

Hier sind eurer Kreativität wenig Grenzen gesetzt, allerdings solltet ihr eine Kühltasche mitnehmen, wenn es etwas edler zugeht. So könnt ihr eure Leckereien perfekt temperiert servieren. Egal ob eine Flasche Prosecco, ein Päckchen Räucherlachs oder dünn aufgeschnittener Schinken – gut gekühlt schmeckt es einfach besser. Denkt an Teller, Besteck und Gläser. Teller gibt es z. B. aus sehr leichtem Bambus, zusammenschraubbare, bruchsichere Weingläser aus Kunststoff. Ein kleines Schneidebrett, ein Geschirrtuch, ein paar Servietten und eventuell einige Windlichter gehören auch dazu. Vergesst nicht den Korkenzieher, falls Ihr eine Flasche Wein mitnehmt! Falls ihr ihn doch einmal vergessen habt, schneidet mit dem Messer die Kapsel ab, wickelt ein Tuch um den Flaschenboden und klopft die Flasche seitlich z. B. gegen einen Baum. Der Korken wird so stückweise nach außen gedrückt, und am Schluss lässt er sich leicht herausdrehen. Im Buch findet ihr viele leckere Dips, Salate, Sandwiches, Wraps usw., die sich gut kombinieren lassen und Euren Picknickkorb wie eine tragbare Tapas-Bar zu einem echten Highlight machen.

DAS MUSS IMMER MIT:

- Ein scharfes Messer, für den sicheren Transport zum Klappen oder mit Scheide. Damit sind Salami, Speck, Käse, Gurke und Tomate im Handumdrehen klein geschnitten.
- Salz und Pfeffer. Es gibt eine Vielzahl kleiner Crusher, Mini-Mühlen und wasserdichter Streuer. Das Mitnehmen rentiert sich immer!
- Picknickdecke oder klappbare Isolierkissen – je nachdem wie weit ihr raus wollt und wie viel Platz im Rucksack ist – so sitzt ihr immer trocken und bequem.

FUNKY TUNA SANDWICH

Sandwiches sind geniale Reisebegleiter. Ob ihr dieses Sandwich aus der Badetasche am Strand oder aus den Tiefen des Rucksacks zieht oder es genüsslich vor eurem Bus verspeist: Ihr werdet neidische Blicke auf euch ziehen, und das wird ein Lächeln in euer zufriedenes Gesicht zaubern.

1 CIABATTA, EVTL. MIT OLIVEN
1 EL OLIVENÖL
JOGHURT-DIP (REZEPT SEITE 87)
2 KLEINE DOSEN THUNFISCH
2 EL GETROCKNETE GEHACKTE TOMATEN
½ BUND BASILIKUM
2 EL GEHACKTE OLIVEN
1 AVOCADO
1 KLEINE GURKE
2 HART GEKOCHTE EIER
½ WEISSE ODER ROTE ZWIEBEL ODER 1 SCHALOTTE
1 HANDVOLL RUCOLA
SALZ, PFEFFER

Die Ciabatta der Länge nach halbieren, evtl. von innen leicht toasten oder in 1 Esslöffel Olivenöl in der Pfanne goldbraun rösten. Mit Joghurt-Dip bestreichen.

Den abgetropften Thunfisch in einer Schüssel mit getrockneten Tomaten, Basilikum und Oliven mischen, salzen und pfeffern.

Die Mischung auf der unteren Hälfte der Ciabatta verteilen. Jetzt in Lagen folgende in Scheiben geschnittene Zutaten auflegen: Avocado, Gurke, Eier und Zwiebel.

Dann den gewaschenen Rucola darauf verteilen, das Ganze kräftig pfeffern, die obere Ciabatta-Hälfte auflegen und leicht andrücken. Jetzt das Sandwich quer halbieren und evtl. für den Transport fest in Butterbrotpapier einschlagen.

CLUB WRAP

In die eingerollten Tortilla-Fladen könnt ihr Verschiedenes reinpacken, zum Beispiel Reste vom Vortag wie Steak-Streifen, Couscous, Quinoa oder Grillgemüse. Bunte Mischungen sind erlaubt, Saucen und Dips machen die Rolle saftig.

1 KLEINER ROMANA-SALAT
1–2 TOMATEN
1 HÄHNCHENBRUSTFILET
1 EL OLIVENÖL
4 STREIFEN BACON
2 GROSSE TORTILLA-FLADEN
ADOVADO-DIP UND JOGHURT-DIP (SIEHE REZEPTE SEITE 87
SALZ, GRILLGEWÜRZ ODER PAPRIKAPULVER, PFEFFER

Den Salat waschen und in breite Streifen schneiden. Die Tomate(n) würfeln. Das Hähnchenbrustfilet mit Salz, Grillgewürz oder Paprikapulver und Pfeffer einreiben und in dem Öl bei mittlerer Hitze rundum goldbraun braten. Bacon in die Pfanne geben und kross mitbraten, dann beides aus der Pfanne heben. Das Hähnchenbrustfilet in Streifen schneiden.

Die Tortillas kurz in dem verbliebenen Öl in der Pfanne von beiden Seiten erhitzen. Beide Fladen flach auslegen und mit dem Avocado-Dip bestreichen. Alle Zutaten flach darauf verteilen, dabei das obere Drittel freilassen. Den Jogurt-Dip darüberträufeln, alles pfeffern und den rechten und linken Rand der Fladen ein Stück nach innen klappen, dann mit leichtem Druck von unten nach oben aufrollen.

TIPP:

Wickelt die Rollen mal etwas dünner und schön fest, danach schlagt ihr sie in Frischhaltefolie ein. Kurz vor dem Servieren schneidet ihr sie leicht schräg in fingerdicke Scheiben auf. So bekommt ihr tolle kleine Tapas-Happen, die optisch viel hermachen! Egal ob auf einem Brettchen auf der Picknickdecke oder gar zu Hause auf einer Festtafel: Das Auge isst eben mit.

TURBO-CARBONARA MIT AVOCADO

Dieses Rezept geht wirklich superschnell, liefert eine Menge gesunde Energie – und schmeckt noch dazu immer und jedem!

250 G SPAGHETTI
(Z. B. HELLE DINKEL- ODER KAMUT-SPAGHETTI)
1–2 PORTIONEN AVOCADO-DIP (REZEPT SEITE 87) MIT KNOBLAUCH UND TOMATE

Die Nudeln in Salzwasser al dente kochen, beim Abgießen ein paar Esslöffel Wasser im Topf lassen und den Dip hineinrühren. Bei Bedarf mit Salz und Pfeffer abschmecken und nach Belieben noch geriebenen Parmesan und gehackte Petersilie zugeben. Die Spaghetti wieder in den Topf geben, mit der Sauce vermengen und servieren.

SUPERSCHNELLE SPAGHETTI CARBONARA

½ BUND PETERSILIE
200 G SAHNE
2 EIGELB
4 EL GERIEBENER PARMESAN
250 G SPAGHETTI (Z. B. HELLE DINKEL- ODER KAMUT-SPAGHETTI)
½ ZWIEBEL
1 KNOBLAUCHZEHE
150 G GERÄUCHERTER SPECK (Z. B. SÜDTIROLER)
1 EL OLIVENÖL ODER BUTTER, SALZ, PFEFFER

½ FRISCHER CHILI NACH BELIEBEN, FALLS DU MEHR SCHÄRFE WILLST

Die Petersilie zupfen und fein hacken. Mit Sahne, Eigelb und Parmesan in einer Schüssel verrühren. Kräftig salzen und pfeffern.

Die Spaghetti in Salzwasser al dente kochen, in einem Sieb abtropfen lassen, dabei etwas Wasser auffangen.

Die Zwiebel fein würfeln, den Knoblauch zerdrücken, den Speck in Würfel oder Streifen schneiden und alles im leeren Nudeltopf mit Öl oder Butter dünsten, bis die Zwiebel glasig ist. Falls gewünscht, jetzt auch den frischen Chili dünsten. Die Spaghetti wieder dazugeben und kräftig umrühren. Sollten die Spaghetti kleben, etwas vom Kochwasser zugießen.

Auf kleinste Flamme reduzieren und die Sahnesauce über die Spaghetti gießen. Unter ständigem Rühren die Sauce andicken lassen. Darauf achten, dass das Ei nicht stark stockt, die Sauce muss cremig bleiben. Sofort servieren.

TURBO-CARBONARA
MIT AVOCADO

SUPERSCHNELLE
SPAGHETTI CARBONARA

QUESADILLA

GREEK GEEK

1 HANDVOLL JUNGE SPINATBLÄTTER
2 EL GETROCKNETE, EINGELEGTE TOMATEN, GUT ABGETROPFT
2 EL OLIVEN, VORZUGSWEISE KALAMATA
100 G FETA
100 G MOZZARELLA, VORZUGSWEISE ECHTER BÜFFELMOZZARELLA
4 TORTILLA-FLADEN AUS WEIZEN- ODER MAISMEHL
SALZ, PFEFFER

Den Spinat waschen und grob hacken, Tomaten, Oliven, Feta und Mozzarella in Stücke schneiden. Alles auf zwei Tortillas verteilen, würzen und je eine Tortilla als Deckel auflegen.

In einer vorgeheizten Pfanne bei mittlerer Hitze von jeder Seite goldbraun backen, bis der Käse innen geschmolzen ist. Achtet auf die passende Größe der Pfanne! Notfalls die Quesadillas vor dem Braten vierteln oder leicht kleinere Tortillas kaufen.

GOAT GULP

4 TORTILLA-FLADEN AUS WEIZEN- ODER MAISMEHL
4 EL WALNUSSKERNE, GROB MIT DEN FINGERN ZERDRÜCKT
2 SCHEIBEN ZIEGENWEICHKÄSE VON DER ROLLE
2 TL HONIG
1 FRISCHER ROSMARINZWEIG
1 PFIRSICH
1 HANDVOLL RUCOLA
SALZ, PFEFFER

Alles auf zwei Tortillas verteilen, würzen und je eine Tortilla als Deckel auflegen. In einer vorgeheizten Pfanne bei mittlerer Hitze von jeder Seite goldbraun backen, bis der Käse innen geschmolzen ist. Achtet auf die passende Größe der Pfanne! Notfalls die Quesadillas vor dem Braten vierteln oder leicht kleinere Tortillas kaufen.

SPANISCHE TORTILLA

Tortilla isst man lauwarm oder sogar kalt. So eignet sie sich, in nicht zu große Stücke geschnitten, auch super für eure Trail-Box.

6 MITTELGROSSE, VORWIEGEND FESTKOCHENDE KARTOFFELN
4 EL OLIVENÖL
1 WEISSE ODER ROTE ZWIEBEL
1 HANDVOLL PAPRIKA, GRÜNER SPARGEL ODER PILZE NACH BELIEBEN
½ BUND PETERSILIE ODER SCHNITTLAUCH
3–4 EIER
SALZ, PFEFFER
CHILIPULVER NACH BELIEBEN

Die Kartoffeln schälen, in feine Scheiben oder Würfel schneiden und mit dem Olivenöl in einer Pfanne farblos anschwitzen und fast durchgaren.

Die Zwiebel fein würfeln. Gemüse oder Pilze, falls verwendet, putzen und in kleine Stücke schneiden. Beides zu den Kartoffeln geben, kurz mitschwitzen und kräftig würzen.

Die Kräuter fein hacken und mit den Eiern verquirlen. Die Kartoffeln mit einem Pfannenwender flach drücken, dann das Ei zugießen.

Nun nicht mehr rühren, sondern bei geringer Hitze weitergaren, bis das Ei komplett gestockt ist. Einen großen Teller auf die Tortilla legen, das Ganze wenden und die Tortilla noch einmal in die Pfanne gleiten lassen. Fertig garen.

TIROLER HÜTTENGRÖSTL

Das Hüttengröstl am besten in einer schweren Gusspfanne servieren, aus der man gemeinsam isst. Dazu reicht ihr deftige Bauernbrotscheiben und Butter. Echtes Hütten- Feeling, egal ob zu Hause oder unterwegs!

4–6 MITTELGROSSE, VORGEKOCHTE KARTOFFELN (ODER RESTE VOM VORTAG)
2 EL OLIVENÖL
4 SCHEIBEN TIROLER SPECK
1 WEISSE ODER ROTE ZWIEBEL
½ EL BUTTER
½ TL KÜMMEL
2–4 EIER
½ BUND PETERSILIE ODER SCHNITTLAUCH, GEHACKT
½ TL GETROCKNETER OREGANO
SALZ, PFEFFER

Die Kartoffeln schälen, in Scheiben schneiden und mit dem Olivenöl in einer Pfanne goldbraun anbraten. Den Speck in Streifen schneiden und mit Zwiebel, Butter und Kümmel zu den Kartoffeln geben, mitbraten.

Die Eier entweder verquirlen und dazugeben oder in einer zweiten Pfanne zu Spiegeleiern braten. Mit Salz (wenig, der Speck ist salzig!) und Pfeffer (kräftig) würzen und nach Belieben mit Kräutern bestreuen.

TIPP:
Dieses Gericht eignet sich sehr gut zur Verwertung von Resten, z. B. kalte Steak-Stücke oder übrig gebliebene Rohkost. Mein Tipp für eine tolle vegetarische Variante: Einfach auf den Speck verzichten und blanchierte, halbierte Bohnen zugeben. Wenn ihr die Kartoffeln bereits vorgekocht habt, ist das Gröstl wirklich superschnell zubereitet!

MNTN
With Love
PRIMUS

WANDERN

DIE ENTSPANNENDE RAUSZEIT-MEDITATION

Der Weg ist das Ziel – so lautet meist das Motto beim Wandern, der wohl am häufigsten verbreiteten, kontemplativen Fortbewegungsart in und an den Bergen. Der Natur nahe sein, sie wieder direkt erleben und spüren, eine Sehnsucht vieler Menschen, die hier gestillt werden kann. Wandern als eine Form der Entschleunigung, die heute bereits bei Teenagern wieder hoch im Kurs steht und seit einigen Jahren eine wahre Renaissance erlebt. Kein Wunder, Wandern ist fast überall möglich, und man benötigt verhältnismäßig wenig Ausrüstung. Eine gesunde und nachhaltige Sportart also, die noch dazu sehr umweltverträglich ist, wenn ein paar wenige Regeln beachtet werden. Die Schwierigkeit der Touren kann je nach persönlichem Fitness-Level jederzeit gesteigert werden, und Wandern geht dann nahtlos ins Bergsteigen und Klettern über. Geht man über die Schneegrenze hinaus in vergletschertes Gelände, sollte man Hochtouren-Kenntnisse und die entsprechende Ausrüstung mitbringen. Wer beim Wandern seine Geschwindigkeit und Kondition erhöhen will, kann sich am Trailrunning versuchen. Hier bewältigt man Wandertouren im gemäßigten Jogging-Tempo, wenn man über die erforderliche Fitness verfügt.

GUT GERÜSTET AUF DEM TRAIL

Die Tour ist ausgewählt und das Wetter passt! Bevor es losgeht zu eurem nächsten Abenteuer draußen, packt euren Rucksack sorgfältig! Neben Kleidung, genügend zu trinken, Erste-Hilfe-Set und allem anderen, was ihr sonst noch so braucht für euren Trail, ist die richtige Verpflegung das A und O: Sie sorgt für genügend Energie für den Tag.
So macht die Tour garantiert noch mehr Spaß!
Getrocknete Früchte und Nüsse liefern wichtige Nährstoffe, haben eine hohe Energiedichte, und das bei wenig Gewicht und Volumen. So sind sie ideale Begleiter auch bei Mehrtages-Touren und eine ideale Notreserve. Die Trail-Mix-Rezepte (Seite 38/39), Müsliriegel und Kürbis-Cookies (Seite 36/37) liefern schmackhafte Abwechslung und sind richtig schnelle Energielieferanten. Wenn frisches Obst verfügbar ist, sind Äpfel und Bananen meine erste Wahl. Besonders Bananen geben lange anhaltend Energie und versorgen den Körper mit reichlich Mineralstoffen.
Für die Gipfelbrotzeit darf mit, was ihr gerade habt. Ob es Reste vom Vortag sind, die ihr in eine Box verpackt, Sandwiches oder Wraps, Hauptsache es schmeckt. Gerichte in diesem Buch, die sich besonders gut als Trail Food eignen, sind mit dem Icon versehen. Wer es puristischer mag, nimmt ein Stück Brot, Käse, Salami, gekochte Eier, Tomate und Gurke mit. Vergesst nicht, euer Taschenmesser und evtl. Pfeffer und Salz einzupacken!

DINE IN

AUF EIN ODER ZWEI FLAMMEN IM BUS KOCHEN

Das Wetter spielt heute mal nicht mit? Regen prasselt auf das Dach, ihr steht mit eurem Bus mitten in einer Stadt, oder ein Schneesturm hat euch zum Stop gezwungen? Kein Problem, denn in diesem Kapitel findet ihr eine Menge leckere Gerichte, die ihr ganz bequem im Bus kochen könnt. Ich habe bei diesen Rezepten darauf geachtet, dass nicht viel gebraten werden muss, wenig Fett spritzt und es im Bus nur lecker riechen wird. Genießt ein tolles Essen und einen gemütlich-entspannten Abend drinnen.

In diesem Mikrokosmos, auf nur 3-4 Quadratmetern, findet ihr die behagliche Essenz des Bus-Campings. Zugegeben, nach zwei oder gar drei Regentagen am Stück wird es dann Zeit, endlich wieder draußen Sonne zu tanken.

ARABISCHER TOMATEN-GURKEN-SALAT

Diesen herrlichen, einfachen Salat habe ich auf einer meiner Reisen nach Marokko lieben gelernt. Das Besondere ist der frische Thymian. Pur und mit Fladenbrot eine super Zwischenmahlzeit, aber auch eine erfrischende Beilage zu Fisch, Steak und Lamm.

4–6 STRAUCHTOMATEN
1 SALATGURKE
½ MITTELGROSSE ZWIEBEL (ROT ODER WEISS) ODER 1 SCHALOTTE
1 ZITRONE (ALTERNATIV 3–4 EL HELLER ESSIG)
3–4 THYMIANSTÄNGEL (ALTERNATIV PETERSILIE ODER KORIANDER)
4 EL OLIVENÖL
SALZ, PFEFFER

Die Tomaten waschen, vierteln und die Kerne entfernen. Die Gurke waschen nach Belieben schälen, längs halbieren und mit einem kleinen Löffel die Kerne herausschaben. Tomaten und Gurke in etwa gleich große Stücke schneiden.

Die Zwiebel fein hacken, die Zitrone auspressen (von einer Bio-Zitrone könnt ihr auch etwas Schale abreiben). Die Thymianblättchen abzupfen. Alle Zutaten vermengen und mit Salz und Pfeffer abschmecken.

Ein sehr einfaches Gericht aus Zutaten, die immer an Bord sein sollten. Nach italienischen Regeln kommt kein Parmesan auf Pasta mit Fisch, ich mag es manchmal trotzdem.

½ PACKUNG PENNE
(Z. B. HELLE DINKEL-PENNE)
½ MITTELGROSSE ROTE ODER WEISSE ZWIEBEL ODER 1 SCHALOTTE
1–2 KNOBLAUCHZEHEN
4 EL OLIVENÖL
1 DOSE THUNFISCH
1 DOSE GEHACKTE TOMATEN
6 EL OLIVEN OHNE STEIN
GETROCKNETER OREGANO
SALZ, PFEFFER
CHILIFLOCKEN, NACH GESCHMACK

½ BUND PETERSILIE UND FRISCH GEHOBELTER PARMESAN NACH BELIEBEN

Die Penne in einem großen Topf Salzwasser al dente kochen.

Derweil Zwiebel und Knoblauch schälen, fein hacken und in einem kleineren Topf mit dem Olivenöl anschwitzen. Thunfisch und Tomaten zugeben und mit Oregano, Salz, Pfeffer und nach Geschmack mit Chiliflocken würzen.

Die Oliven halbieren und zur Sauce geben. Die Pasta abgießen, zurück in den Topf geben und mit der Sauce übergießen. Umrühren und anrichten.

Nach Belieben mit frisch gehackter Petersilie und Parmesanspänen bestreuen.

SPAGHETTI BOLOGNESE

BÄM!

Diese Sauce ist ein wahres Aromenfeuerwerk. Man kann sie wunderbar zu Hause vorbereiten, portioniert einfrieren und als „Kühlakku" in die Kühlbox packen. Wenn sie dann komplett aufgetaut ist, wird es Zeit zum Auftischen!

SAUCE
1 KLEINE KAROTTE
1 SELLERIESTANGE
1 ROTE ODER WEISSE ZWIEBEL
1–2 KNOBLAUCHZEHEN
2 EL OLIVENÖL
300 G FRISCHES RINDERHACK
100 ML ROTWEIN
1 DOSE GEHACKTE TOMATEN
1 TL GETROCKNETER OREGANO
1 TL ZUCKER
½ BUND PETERSILIE
1 ROSMARINZWEIG
1 GROSSER THYMIANSTÄNGEL
SALZ, PFEFFER
CHILIFLOCKEN NACH BELIEBEN
½ TASSE BIO-GEMÜSEBRÜHE, FALLS ERFORDERLICH

250 G HELLE DINKEL-SPAGHETTI
FRISCH GERIEBENER PARMESAN

Karotte, Sellerie, Zwiebel und Knoblauch putzen und alles in sehr feine Würfel schneiden. Zwiebel und Knoblauch mit dem Öl in einer Pfanne glasig anschwitzen. Hackfleisch zugeben und anbraten. Kräftig mit Salz und Pfeffer würzen. Mit dem Rotwein ablöschen, dann die Tomaten, Oregano und Zucker zugeben. Das fein gewürfelte Gemüse zugeben und bei mittlerer Hitze garen. Zum Schluss die Kräuter zupfen, hacken und zur Sauce geben. Nochmals mit Salz und Pfeffer abschmecken. Falls die Sauce zu sehr eindickt, mit etwas Gemüsebrühe verdünnen. Nach Belieben Chiliflocken dazugeben.

Die Spaghetti in reichlich Salzwasser al dente garen.

TIPP:

Achtet darauf, dass die Nudeln gut al dente werden. Fangt beim Abgießen 1 Tasse Kochwasser auf und gießt es samt den Nudeln zurück in den Topf, einmal umrühren. So kleben die Nudeln nicht zusammen. Benutzt kein Öl, denn das verschließt die Nudeln und sie nehmen keine Sauce und somit keinen Geschmack mehr auf!

Wer eine vegetarische **VARIANTE** möchte, weicht 1–2 Tassen Sojaschnetzel vor dem Anbraten in heißer Gemüsebrühe ein, am besten mit zusätzlich 2 Esslöffeln Sojasauce, das macht sie schmackhafter.

CEVICHE

Südamerikas Antwort auf Sushi. Meinen ersten Ceviche (sprich: Se-bi-che) genoss ich in einem dafür bekannten Lokal in Lima, der Hauptstadt Perus. Dort liegen auch die Ursprünge dieses Gerichts. Es war eine echte Offenbarung – eine sternetaugliche und doch einfache Komposition mit erfrischendem Geschmack.

Wichtig sind hier beste Zutaten und absolut frischer Fisch. Versucht einfach verschiedene Fischsorten, bis ihr euren Favoriten gefunden habt, egal ob Süß- oder Salzwasserfisch. Ich fange mir dafür am liebsten selbst Barsche oder Forellen im See vor meiner Haustür. Viel Vergnügen beim Experimentieren!

300 G FRISCHES FISCHFILET OHNE HAUT UND GRÄTEN
2 LIMETTEN ODER 1 ZITRONE
½ BUND FRISCHER KORIANDER ODER PETERSILIE
1 KLEINE ROTE ZWIEBEL
2 EL OLIVENÖL
SALZ, PFEFFER

½ PEPERONI, 1 KLEINES STÜCK INGWER UND ½ KNOBLAUCHZEHE NACH BELIEBEN

Das Fischfilet in kleine, dünne Stücke schneiden. Limetten oder Zitrone auspressen und den Fisch im Zitrussaft marinieren. Je länger ihr den Fisch mariniert, desto mehr denaturiert das Eiweiß und der Fisch wird kalt "gegart". Ich persönlich finde 10 Minuten völlig ausreichend.

Mit Salz und Pfeffer würzen. Kräuter hacken, die Zwiebel in sehr feine Ringe schneiden und beides mit dem Olivenöl untermischen. Falls Peperoni, Ingwer und Knoblauch verwendet werden, diese putzen und sehr fein hacken.

Mit zusätzlichen Zwiebelringen und Kräutern garnieren.

VARIANTEN

Egal, ob mit frischer Mango, Avocado, Gurke, Mais oder Lauchzwiebel, erlaubt ist, was schmeckt und was gerade frisch verfügbar ist.

EINTOPF MIT WEISSEN BOHNEN UND SALSICCIA

½ ZWIEBEL ODER 1 SCHALOTTE
1–2 KNOBLAUCHZEHEN
2–3 SALSICCE
(ALTERNATIV CHORIZO ODER PIKANTE FRISCHE BRATWURST)
2 EL OLIVEN- ODER RAPSÖL
1 ROSMARINZWEIG
1 DOSE WEISSE BOHNEN (Z. B. CANELLINI)
1 DOSE GEHACKTE TOMATEN
1 TASSE BIO-GEMÜSEBRÜHE
2 SELLERIESTANGEN
½ BUND PETERSILIE
SALZ, PFEFFER

Die Zwiebel hacken, Knoblauch schälen und zerdrücken. Die Salsicce würfeln und mit dem Öl in einem Topf anbraten. Zwiebel, Knoblauch und den Rosmarinzweig zugeben. Anschwitzen, bis die Zwiebel glasig ist.

Die Bohnen abtropfen lassen und einrühren. Das Ganze mit Tomaten und Brühe ablöschen. Den Sellerie in 1 cm große Stücke schneiden und zugeben. Aufkochen und auf mittlerer Stufe ca. 10 Minuten köcheln, bis der Sellerie gar ist. Die Petersilie waschen, trocken schütteln und hacken. In den Eintopf rühren und mit Salz und Pfeffer abschmecken.

VARIANTEN

VEGETARISCHE VARIANTE:
Die Wurst durch Karotten o. Ä. ersetzen.

PIKANTE VARIANTE:
Abgeriebene Schale von 1 Bio-Zitrone und 1 klein geschnittenen Chili mitkochen.

DEFTIGER LINSENEINTOPF MIT SPECK UND KARTOFFELN

2 KAROTTEN
¼ KNOLLENSELLERIE ODER
2 SELLERIESTANGEN
2–3 VORWIEGEND
FESTKOCHENDE KARTOFFELN
½ ZWIEBEL ODER 1 SCHALOTTE
1 KNOBLAUCHZEHE
2 DICKE SCHEIBEN GERÄUCHERTES WAMMERL
(BAYERISCH
FÜR BAUCHSPECK)
2 EL OLIVEN- ODER RAPSÖL
½ TASSE KLEINE LINSEN
(ROT ODER GELB)
4 EL BALSAMICO-ESSIG
3–4 TASSEN BIO-GEMÜSEBRÜHE
½ BUND PETERSILIE
SALZ, PFEFFER

Gemüse, Kartoffeln putzen und in 1 cm dicke Stücke schneiden. Die Zwiebel klein schneiden und den Knoblauch zerdrücken. Den Bauchspeck würfeln und mit dem Öl in einem Topf anbraten. Zwiebel und Knoblauch zugeben und glasig mitschwitzen.

Die Linsen einrühren und mit dem Essig ablöschen. Gemüse und Kartoffeln zugeben und mit der Brühe übergießen. Aufkochen und auf mittlerer Stufe ca. 15 Minuten köcheln, bis Linsen und Kartoffeln weich sind. Mit Salz und Pfeffer abschmecken. Die Petersilie hacken und den Eintopf damit bestreuen.

VARIANTEN

VEGETARISCHE VARIANTE:
Einfach den Speck weglassen.

DEFTIGERE VARIANTE:
Ihr könnt zusätzlich Wurststücke, z. B. Debreziner o. Ä., zugeben.

PORTUGIESISCHER FISCHEINTOPF

2 ROTE ODER GELBE PAPRIKA
2 ZWIEBELN
6 VORWIEGEND FESTKOCHENDE ODER MEHLIG KOCHENDE KARTOFFELN
300 G FESTFLEISCHIGES FISCHFILET (Z. B. SEETEUFEL, HECHT ETC.), ALTERNATIV 4–6 RIESENGARNELEN
2 KNOBLAUCHZEHEN
1 MILDE PEPERONI
1 DOSE GEHACKTE TOMATEN
100 ML WEISSWEIN
100 WASSER
4 EL OLIVENÖL
1 BUND KORIANDER
GEMAHLENER SAFRAN ODER KURKUMA
PAPRIKAPULVER
SALZ, PFEFFER

CAYENNEPFEFFER NACH BELIEBEN

Paprika und Zwiebeln putzen und in Streifen schneiden, die Kartoffeln schälen und in ca. 1 cm dicke Scheiben schneiden. Das Fischfilet in mundgerechte Stücke schneiden. Den Knoblauch schälen und in sehr dünne Scheiben schneiden. Die Peperoni in dünne Ringe schneiden.

Die Zutaten in zwei bis drei Lagen in einen Topf schichten: Zwiebel, Paprika, Peperoni und Knobi, Kartoffeln, Tomaten, Fisch. Zwischen den Lagen großzügig die genannten Gewürze einstreuen.

Die letzte Schicht besteht aus Gemüse. Weißwein und Wasser darübergießen. Mit dem Olivenöl beträufeln und einen halben Bund Koriander im Ganzen auflegen. Den verbliebenen Koriander zupfen und hacken und beim Anrichten darüberstreuen.

Den Topfdeckel auflegen, aufkochen, auf kleiner Stufe ca. 15 Minuten köcheln, dann ausschalten und noch ca. 10 Minuten ziehen lassen.

Mit dem gehackten Koriander bestreuen und mit Baguette und dem Rest des Weißweins (gekühlt) servieren.

TIPP:
Koriander ist nicht überall erhältlich. Das Gericht schmeckt auch mit Petersilie und funktioniert mit Süß- sowie Salzwasserfisch. Muscheln oder Garnelen eignen sich zum Veredeln. Das Gemüse kann man nach Geschmack variieren. Am besten am Tag der Zubereitung verzehren, es sei denn, man hat einen Kühlschrank.

THAI-CURRY MIT REIS

Dieses Curry habe ich öfter in Australiens Hostels für Freunde und eine ganze Menge andere Gäste gekocht. Wenn alle etwas beim Gemüse schneiden helfen, geht auch in großer Menge die Zubereitung schnell. Achtet auf die verschiedenen Garstufen der Gemüse und gebt das Weichere immer am Schluss zu, damit alles knackig und frisch bleibt.

500 G GEMISCHTES GEMÜSE NACH WAHL
1 HÄHNCHENBRUSTFILET
1 EL SOJASAUCE
1 TL HONIG
150 ML KOKOSMILCH
1 ZWIEBEL
1–2 KNOBLAUCHZEHEN
2 EL RAPSÖL
2–3 EL CURRY-PASTE
SALZ, PFEFFER
1 TASSE REIS (BASMATI ODER JASMIN)

FRISCH GEHACKTE PETERSILIE ODER KORIANDER, FRISCH GERIEBENER INGWER UND FRISCHE CHILIRINGE NACH BELIEBEN

Das Gemüse putzen und in gleich große Stücke schneiden. Die Sorten nicht vermischen, weil sie unterschiedliche Garzeiten haben!

Das Hähnchenfilet in mundgerechte Stücke schneiden und in einer kleinen Schüssel mit Sojasauce, Honig, Salz und Pfeffer mindestens 1 Stunde marinieren.

Zwiebel und Knoblauch schälen, fein hacken und in einem Topf oder einer großen Pfanne mit dem Rapsöl anschwitzen. Currypaste und, falls verwendet, Chili und Ingwer zugeben. Nun das Hähnchen unterheben und anbraten. Mit Kokosmilch ablöschen und die Gemüsesorten nach Garzeit sortiert zugeben: harte Sorten wie Karotten zuerst, Spinat oder Sprossen zum Schluss. Mit Salz und Pfeffer abschmecken und nach Belieben mit Kräutern verfeinern.

Den Reis unter kaltem Wasser abspülen, bis das Wasser klar bleibt. Mit der 1,5- bis 2-fachen Menge Wasser und etwas Salz aufkochen, dann auf niedrigster Stufe mit aufliegendem Deckel ca. 10 Minuten garen. Eventuell überschüssiges Wasser abgießen und im heißen Topf abdampfen lassen.

TIPP:

Als Gemüse könnt ihr alles verwenden, was gerade Saison hat oder erhältlich ist. Besonders gut eignen sich feste Sorten wie Karotten oder Zuckerschoten, aber auch Pak Choi und frischer Spinat. Auberginen, Kürbis oder Kartoffeln machen die Konsistenz des Currys weicher.

KICHERERBSEN-CURRY

1 ZWIEBEL
2 KNOBLAUCHZEHEN
2 EL RAPSÖL
1 DAUMENGROSSES STÜCK INGWER
1 KLEINER CHILI
3–4 REIFE FLEISCHTOMATEN ODER
1 DOSE PIZZA-TOMATEN
1 GROSSE DOSE KICHERERBSEN (400 G)
½ TL BRAUNER ZUCKER
FALLS VORHANDEN JE ½ TL KORIANDER, KREUZKÜMMEL, KURKUMA, GARAM MASALA (ALTERNATIV: 1 EL RAS EL-HANOUT)
SALZ, PFEFFER

½ BUND PETERSILIE ODER KORIANDER, FRISCHER BLATTSPINAT, GEBRATENE HÄHNCHENBRUSTSTÜCKE, NACH BELIEBEN

Zwiebel und Knoblauch schälen und hacken. In einem Topf oder einer großen Pfanne in Rapsöl anschwitzen. Den Ingwer schälen und fein hacken, den Chili entkernen und ebenfalls fein hacken. Beides in den Topf geben. Salz, Pfeffer, Zucker und die gemahlenen Gewürzen zugeben.

Die Tomaten in kleine Stücke schneiden und zugeben und alles 10 Minuten einkochen. Die Kichererbsen abgießen, abspülen und abtropfen lassen, dann zu den Tomaten geben, kurz aufkochen und das Ganze final abschmecken. Nach Belieben mit frischen Kräutern oder Blattspinat verfeinern. Eventuell gebratene Hähnchenbrust dazugeben.

Dazu passen Naan, Fladenbrot oder Reis.

TRICK:
Resteverwertung: schmeckt auch kalt und unterwegs prima, als Snack im Fladenbrot.

MANGO EXPLOSION

Der exotische lauwarme Wildreis-Mango-Salat passt grandios zu gegrilltem Fisch.

1 TASSE SCHWARZER REIS
½ TASSE GEPALTE ERBSEN
1 MANGO
FRISCHE GEMISCHTE KRÄUTER, Z. B. KORIANDER, BASILIKUM UND ETWAS MINZE
1 BIO-ZITRONE
2 EL OLIVENÖL
1 TL AHORNSIRUP
SALZ, PFEFFER

LAUCHZWIEBELN UND GRÜNER SPARGEL NACH BELIEBEN

Den Reis gut waschen. 4 Tassen Wasser ohne Salz aufkochen und den Reis darin ca. 35 Minuten leicht köcheln, dabei gelegentlich umrühren. Die Erbsen (und Lauchzwiebel und/oder Spargel, falls verwendet) für die letzten 2 Minuten zugeben, dann überschüssiges Wasser abgießen.

Die Mango schälen, würfeln und Kräuter hacken. Beides unter den Reis mischen.

Die Zitrone heiß abwaschen und die Schale dünn abreiben, dann die Frucht auspressen. Zitronenschale, -saft, Olivenöl, Ahornsirup (ggf. durch Honig oder braunen Zucker ersetzen) zu einem Dressing verrühren, mit Salz und Pfeffer würzen und den Salat damit anmachen.

TIPP:

Für eine gehaltvolle Picknickvariante entweder Mozzarella- oder Fetastücke oder gemischte Nüsse zugeben.

MIE-GORENG

Mein bestes Mie-Goreng habe ich auf Bali gegessen, als ich dort während eines Surf-Trips bei einer Familie in einem kleinen Warung gewohnt habe. Und ich habe es wirklich lieben gelernt, auch als kraftspendendes Frühstück für einen langen Tag draußen auf dem Wasser … oder auf dem Trail.

½ PACKUNG (2 PLATTEN) MIE-NUDELN (SÜDOSTASIATISCHE NUDELN, MIT ODER OHNE EI)
½ MITTELGROSSE ZWIEBEL
1–2 KNOBLAUCHZEHEN
1 ROTER CHILI
10 G FRISCHER INGWER
2 EL RAPSÖL
½ BUND LAUCHZWIEBELN
1 PAPRIKA
2 KAROTTEN
2 EIER
2 EL SOJASAUCE
2 EL SRIRACHA
½ BUND KORIANDER
SALZ, PFEFFER

GEWÜRZTE ODER MARINIERTE GARNELEN, HÜHNERBRUST ODER STEAK-RESTE NACH BELIEBEN

Die Nudeln in einer Schüssel mit kochend heißem Wasser übergießen oder nach Packungsanweisung zubereiten.

Die Zwiebel fein würfeln, den Knoblauch zerdrücken, den Chili in feine Ringe schneiden und den Ingwer fein zerkleinern. Diese Zutaten in einer großen Pfanne mit dem Öl anschwitzen.

Lauchzwiebel, Paprika und Karotten putzen, in Juliennes schneiden und in die Pfanne geben. Dünsten, bis das Gemüse bissfest gegart ist. Falls gewünscht, nun gewürztes Fleisch oder Garnelen dazugeben.

Die Nudeln abtropfen lassen und mitbraten. Die Eier entweder verquirlen und unterrühren oder separat Spiegeleier braten und beim Servieren obenauf anrichten.

Die Nudelpfanne mit Sojasauce, Sriracha sowie Salz und Pfeffer abschmecken. Den Koriander zupfen und hacken, dann unterrühren. Die Nudelpfanne stilecht in Schalen servieren.

TIPP:
Natürlich kann man auch anderes Gemüse verwenden, z. B. jungen Spinat, Pak Choi, Zucchini etc.

Schnelle Ratatouille

Dieser mediterrane Klassiker schmeckt immer, etwa als super Beilage zu Steak oder Fisch, als Nudel-Sugo oder als vegetarisches Gericht auf Reis oder Bulgur. Hierfür könntet ihr in den letzten 5 Minuten noch gewürfelten Mozzarella darüberstreuen und erhitzen, bis er geschmolzen ist.

- 1 ZWIEBEL
- 1–2 KNOBLAUCHZEHEN
- ½ CHILI, NACH GESCHMACK
- 1 AUBERGINE
- 1–2 ZUCCHINI
- 2 ROTE ODER GELBE PAPRIKA
- 1 ROSMARINZWEIG
- 1 THYMIANSTÄNGEL
- 3 EL OLIVENÖL
- 2 EL TOMATENMARK
- 50 ML WASSER
- ½ TL ZUCKER
- SALZ, PFEFFER

Zwiebel und Knoblauch schälen und mit dem Chili, falls verwendet, fein hacken. Aubergine, Zucchini und Paprika waschen, putzen und in mundgerechte Stücke schneiden. Die Kräuter zupfen und grob hacken.

Das Öl in einer großen Pfanne oder einem hohen Topf erhitzen. Zwiebel, Knoblauch und Chili darin kurz glasig dünsten. Paprika zugeben und 1 Minute dünsten, dann Aubergine und Zucchini, Kräuter und Tomatenmark zugeben. Alles gut durchrühren und mit dem Wasser ablöschen, mit Zucker, Salz und Pfeffer würzen und den Deckel auflegen. Nach 5 Minuten umrühren, Gas ausschalten oder den Topf vom Herd nehmen und noch einige Minuten nachziehen lassen.

Tipp:

Aus den Resten wird am nächsten Tag ein herrlicher Gemüsesalat, oder ihr verwendet die Ratatouille (evtl. püriert) als Crostini-Aufstrich, in Wraps etc. Also macht am besten gleich mehr davon. Statt Tomatenmark und Wasser kann man ½ Dose Pizzatomaten zugeben oder 3 frische, vollreife Tomaten.

MINESTRONE

2 KAROTTEN
2 SELLERIESTANGEN
1 KLEINE ZUCCHINI
2 VORWIEGEND FESTKOCHENDE KARTOFFELN
½ ZWIEBEL ODER 1 SCHALOTTE
1 KNOBLAUCHZEHE
2 EL OLIVEN- ODER RAPSÖL
2 EL TOMATENMARK
½ TL GETROCKNETER OREGANO
¼ TASSE BASMATIREIS
4–6 TASSEN BIO-GEMÜSEBRÜHE
¼ TASSE KLEINE SUPPENNUDELN
½ BUND PETERSILIE
SALZ, PFEFFER

GRÜNES PESTO (REZEPT SEITE 27) UND/ODER GERIEBENER PARMESAN, NACH BELIEBEN

Gemüse, Kartoffeln und die Zwiebel putzen und klein schneiden, den Knoblauch zerdrücken. Zwiebel und Knoblauch mit Öl in einen heißen Topf geben und glasig anschwitzen, dann das Tomatenmark einrühren. Gemüse, Kartoffeln, Oregano und Reis zufügen, dann die Brühe aufgießen. Aufkochen und auf mittlerer Stufe 5 Minuten köcheln, die Suppennudeln zugeben und in weiteren 5 Minuten bissfest garen.

Mit Salz und Pfeffer abschmecken und nach Belieben mit Pesto oder Parmesan verfeinern bzw. diese separat reichen. Die Petersilie zupfen, hacken und über die Suppe streuen.

Dazu schmeckt frisches Baguette.

TIPP:

Die Gemüsesorten können natürlich variiert werden. So passen etwa Chinakohl, Wirsing oder Weißkohl auch gut in die Suppe. Reis oder Pasta können z. B. durch Graupen ersetzt werden.

INRI

RISOTTO

Bis heute streiten sich die besten italienischen Köche, ob ein guter Risotto bei der Zubereitung gerührt oder geschwenkt wird. Für den perfekten Risotto benötigt ihr einen geeigneten Rundkornreis. Zur Auswahl stehen Sorten wie Arborio, Vialone und Carnaroli. Die Sorten unterscheiden sich etwas in der Kochdauer und den Quelleigenschaften. Mein Favorit für einen wirklich perfekten und cremigen Risotto ist Carnaroli, denn er darf al dente bleiben.

2 EL RAPSÖL
½ ZWIEBEL ODER 1 SCHALOTTE
1 KNOBLAUCHZEHE
1 TASSE RISOTTO-REIS
2–2 ½ TASSEN GEMÜSEBRÜHE
½ TASSE WEISSWEIN ZUM ABLÖSCHEN, DEN REST DER FLASCHE ZUM TRINKEN
SALZ, PFEFFER

BUTTERFLOCKEN, FALLS VORHANDEN
GERIEBENER PARMESAN ODER ANDERER HARTKÄSE

Das Rapsöl in einen Topf oder eine tiefe Pfanne geben, Zwiebel, Knoblauch und evtl. andere Zutaten wie etwa Spargel darin kurz anschwitzen. Den Reis zugeben und kurz mitschwitzen, dabei umrühren, bis alle Reiskörner fettig glänzen.

Mit Weißwein ablöschen und etwas würzen, die Brühe suppenkellenweise zugießen und jeweils köcheln, bis der Reis die Flüssigkeit vollständig aufgesogen hat. Erst dann die nächste Kelle Brühe zugießen. Zwischendurch rühren oder schwenken. Nach 10–15 Minuten (je nach Reissorte) könnt ihr den Kocher bereits komplett ausschalten und den Risotto noch einige weitere Minuten mit aufgelegtem Deckel quellen lassen. Am besten gelingt das auf einem hitzebeständigen Untersetzer, damit die gespeicherte Energie im Topf bleibt und nicht in die Unterlage abgeleitet wird.

Kurz vor dem Servieren ein paar Butterflocken und geriebenen Parmesan unterheben, nach Wunsch Kräuter zugeben und final mit Salz und Pfeffer abschmecken.

VARIANTEN

Je nach Geschmack können entweder Safran, Tomatenmark, Kräuter, Spargel, Pilze, Meeresfrüchte usw. zugegeben werden. Frische Kräuter bitte immer erst ganz zum Schluss unterrühren!

POLENTA

4 TASSEN BIO-GEMÜSEBRÜHE ODER HEISSES, GUT GESALZENES WASSER
1 TASSE POLENTAGRIESS (SCHNELLKOCH-MAISGRIESS)
1 STÜCK PARMESAN
1 EL BUTTER

Wasser oder Brühe erhitzen. Polentagrieß unter ständigem Rühren langsam zugeben und bei kleiner Flamme ca 10-15 Minuten rühren. Dann geriebenen Parmesan und Butter einrühren und servieren.

Probiert auch mal, eine Tasse Wasser oder Brühe durch Milch zu ersetzen, das macht die Polenta noch cremiger und samtiger.

VARIANTEN

PILZ-POLENTA:

Bratet im Topf klein geschnittene Pilze mit etwas Zwiebeln und Knoblauch an und rührt dann die Polenta ein. Rotwein-Polenta: Statt der Tasse Milch eine Tasse Rotwein und etwas klein geschnittenen Radicchio verwenden.

SAFRAN-POLENTA:

Kocht ein Tütchen gemahlenen Safran mit.

TRÜFFELPOLENTA:

Gebt beim Servieren Trüffelöl oder Trüffelbutter dazu.

SÜSSE POLENTA:

Statt Brühe oder Salzwasser zwei Tassen Wasser und zwei Tassen Milch verwenden, mit braunem Zucker oder Honig süßen, evtl. etwas Zimt dazu, fertig. Schmeckt super zu Kompott.

TIPP:

Reste auf einem Teller oder einem Brett ausstreichen und offen auskühlen lassen. Dann in Stücke schneiden und kurz vor dem Servieren von beiden Seiten in etwas Olivenöl goldbraun anrösten. Diese „Römische Nocken", die man vor dem Auskühlen auch mit einem Eigelb anrühren kann, sind eine tolle Beilage zu Rindfleisch.

SPINAT-KÄSE-KNÖDEL

Dieses herzhafte, sättigende Knödelgericht hat seine Wurzeln auf den Höfen der Bergbauern Südtirols. Deswegen empfehle ich euch, möglichst einen würzigen Bergkäse aus der Region zu verwenden.

1 ZWIEBEL
1 KNOBLAUCHZEHE
1 EL BUTTER
250 G ALTBACKENES WEISSBROT, SEMMELN ODER BAGUETTE, ALTERNATIV 1 BEUTEL KNÖDELBROT
1 TASSE HEISSE MILCH
2–3 HANDVOLL FRISCHER BLATTSPINAT
3 EIER
150 G BERGKÄSE ODER MITTELALTER GOUDA
GEMAHLENE MUSKATNUSS
SALZ, PFEFFER

½ BUND PETERSILIE, NACH BELIEBEN

In einem ausreichend großen Topf Wasser mit ½ TL Salz für die Knödel erhitzen.

Zwiebel und Knoblauch schälen, fein hacken und in einer Pfanne mit Butter anschwitzen.

Den Spinat waschen, putzen, grob hacken und kurz in die heiße Zwiebelbutter geben. Das Brot mit der heißen Milch übergießen, etwas quellen lassen, dann die Spinatmischung zugeben und mit Salz, Pfeffer und Muskatnuss würzen.

Die Eier verquirlen, den Käse in Würfel schneiden und alles mit der Brotmischung vermengen. Ist die Masse zu nass, etwas Semmelbrösel zugeben, ist sie zu trocken, etwas Milch. Mit feuchten Händen kleine Knödel formen und in das kochende Salzwasser geben. 5 Minuten bei mittlerer Hitze kochen, dann die Hitze reduzieren und noch ca. 10 Minuten ziehen lassen. Wenn die Knödel an die Oberfläche steigen und sich von selbst drehen, sind sie fertig. Nach Belieben mit frisch gehackter Petersilie bestreut servieren.

TIPP:

- Eine Handvoll Semmelbrösel in etwas Butter goldbraun anrösten und über die Knödel geben.
- Übrig gebliebene Knödel kann man später super in Scheiben schneiden und in der Pfanne braten.

ORIENTALISCHE HIRSEPFANNE MIT GEMÜSE

Dazu passt auch super der Joghurt-Dip (Rezept Seite 87). Reste schmecken unterwegs auch kalt aus der Lunchbox.

- 2 KAROTTEN
- 2 KLEINE ZUCCHINI
- ½ ZWIEBEL ODER 1 SCHALOTTE
- 1 KNOBLAUCHZEHE
- 2 EL OLIVEN- ODER RAPSÖL
- ½ TL KURKUMA
- ½ TL RAS EL-HANOUT
- 1 TASSE HIRSE
- 1–2 TASSE BIO-GEMÜSEBRÜHE
- ½ BUND PETERSILIE ODER KORIANDER
- CHILIFLOCKEN
- SALZ, PFEFFER

DATTELN ODER ROSINEN, SCHALE UND SAFT VON 1 BIO-ORANGE NACH BELIEBEN

Gemüse und Zwiebel putzen und fein würfeln. Den Knoblauch zerdrücken. Zwiebel und Knoblauch mit dem Öl in einer Pfanne glasig anschwitzen. Kurkuma, Ras el-Hanout und Hirse einstreuen, die Brühe nach und nach zugießen und kochen, bis die Hirse fast gar ist. Erst jetzt die Gemüsewürfel einrühren und noch einige Minuten bei mittlerer Hitze weiterköcheln.

Nach Belieben geviertelte Datteln oder Rosinen und geriebene Orangenschale samt gepresstem Saft zugeben. Zum Schluss Petersilie oder Koriander zupfen, hacken und unterrühren. Mit Salz, Pfeffer und Chiliflocken abschmecken.

TIPP:

Die Gemüsesorten können natürlich ausgetauscht werden, z. B. gegen Kürbis, Lauchzwiebeln, Paprika etc. Und ersetzt die Hirse doch mal mit Quinoa.

LOCK

MOUNTAINBIKEN

DER PURE FLOW

Bei kaum einer anderen Sportart kommt ein vergleichbares Gefühl von Flow auf wie beim Mountainbiken. Dabei spielt es keine Rolle, ob man selbst den Berg hinaufradelt, um über versteckte Trails hinabzusurfen, oder mit Liftunterstützung ein gebautes Streckennetz abreitet. Alle Spielarten haben ihre ganz eigene Faszination.

Wenn ich von Oberammergau erzähle, so denken die meisten an Holzschnitzer, die weltbekannten Passionsspiele und an Schloss Linderhof, das Lieblingsschloss des bayerischen „Märchenkönigs" Ludwig II. Doch Oberammergau hat noch weit mehr zu bieten. Gemütliche Voralpen-Touren mit atemberaubendem Panorama bis München und zum Starnberger See oder die Gegend um das Zugspitz-Massiv bis tief hinein in die Tiroler Berge laden zum Wandern ein. Auch auf anspruchsvollen Steigen, Bike-Trails und Klettertouren hat die Bergwelt rund um O´gau (so heißt es bei den Einheimischen) vieles zu bieten. Und in einem der vielen Biergärten kann man sich erfrischen und wieder Kraft tanken.

Im Bikepark kann man so richtig die Seele baumeln lassen. Entspannte Atmosphäre, Strecken für jedes Können, lange Öffnungszeiten, eine Bar und ein kleiner Shop lassen keine Wünsche offen. Natürlich kann man hier auch Räder ausleihen oder testen, falls man kein eigenes mitbringt. Auch Kurse, Fahrtrainings und Guidings werden angeboten.

LUKAS GERUM
MARKUS REISER

Der neu gestaltete Focus Bikepark in Oberammergau wird von zwei bekannten Gesichtern der Szene geführt. Markus Reiser, selbst aktiver Fahrer in den Enduro World Series mit vielen, auch internationalen Erfolgen, und Lukas Gerum, der früher in Deutschland bei Marathon und Cross Country ganz vorn mitgefahren ist. Die beiden sehr sympathischen O'gauer verbindet neben dem Sport und dem Bikepark auch eine langjährige Freundschaft.

Vor ein paar Jahren habe ich Lukas Gerum im Winter beim Freeriden kennengelernt - und kaum jemals ein sonnigeres Gemüt getroffen. Wir haben seitdem zusammen schon einige Berg-Abenteuer erlebt, in kritischen Situationen ist er die Ruhe selbst. Immer mit einem herzlichen Lachen im Gesicht verwandelt er alles im Leben ins Positive, und die tiefen, philosophischen Gespräche abends am Lagerfeuer wirken lange nach.

WIE VIELE TAGE VERBRINGT IHR IM JAHR DENN „OUTDOOR"?

Lukas: Schon über 200. Im Sommer sind wir ja entweder im Wald beim Shapen oder mit dem Bike unterwegs. Im Winter bin ich dann viel auf Skitour.

Markus: Da ich professionell Rennen fahre und auch so viel und gerne unterwegs bin, sind es im Jahr sicher 30 Wochenenden, die ich draußen bin.

WAS IST WÄHREND EURER TRIPS EUER LIEBLINGSGERICHT VOM EIGENEN KOCHER?

Lukas: Ich koche unterwegs generell mit extrem viel Knoblauch, am liebsten mit Gnocchi dazu.

Markus: Wenn es unterwegs mal schnell gehen soll, habe ich immer eine Dose Kichererbsen dabei. Die kann man nur rasch in der Pfanne aufwärmen und noch mit einem Ei und guten Gewürzen wie Kurkuma und Chili pimpen. So hat man in 5 Minuten eine Top-Stärkung für einen aktiven Outdoor-Tag.

WOMIT STÄRKT IHR EUCH VOR UND NACH EINEM ANSTRENGENDEN WETTKAMPF ODER EINER LANGEN UND BESONDERS FORDERNDEN TOUR?

Lukas: Je nachdem, wo ich gerade unterwegs bin, esse ich möglichst das, was für diese Region typisch ist. Vor und während der Tour darf es auch gerne süß sein.

Markus: Zur Zeit ist Quinoa mit frischem Gemüse und einer würzigen Sauce mein Lieblingsgericht vor den Rennen.

Da finden sich ja auch tolle Inspirationen in deinem Buch! Im Ziel gibt es meist ein paar Trockenfrüchte, die schnell für Energie sorgen.

DINE OUT

DRAUSSEN KOCHEN AUF GRILL UND LAGERFEUER

Die Sonne lacht. Was für ein schöner Sommerabend! Heute ist es Zeit, den Grill anzuwerfen oder ein Lagerfeuer anzuzünden und die Zeit im Freien in vollen Zügen zu genießen. Das sind immer sehr glückliche Momente für uns. Die Tische und Stühle unter freiem Himmel aufstellen, mit Meer- oder Bergblick, oft mit einer Aussicht, wie sie kaum ein Restaurant zu bieten hat. Vielleicht sind ja heute Abend eure Freunde dabei?! Hier findet ihr die Rezepte, die am besten draußen funktionieren und zusammen mit Freunden noch mehr Spaß machen. Auch bekommt ihr hier einige praktische Tipps und Tricks rund ums Kochen im Freien.

LIGHT MY FIRE

TIPPS RUND UMS LAGERFEUER

Feuer machen: So essenziell, wie es früher für das Überleben in der Natur war, so stark ist die magische Anziehungskraft, die es immer noch auf uns ausübt. Ein knisterndes Lagerfeuer lädt zum Träumen ein, steht für Sicherheit und Geborgenheit, es wärmt, trocknet, leuchtet, grillt und bäckt. Doch leider ist es heute in vielen Gebieten verboten, offene Feuer zu entzünden. Zu groß ist oft die Gefahr, dass ein Feuer außer Kontrolle gerät und sich zu einem Waldbrand mit verheerenden Folgen entwickelt. Deshalb informiert euch unbedingt vorher, ob und wo genau ein Lagerfeuer erlaubt ist. Damit dieses auch sicher und schnell brennt und nicht nur raucht und gleich wieder ausgeht, findet ihr hier ein paar praktische Tipps:

1.
AUSWAHL DES FEUERPLATZES

Dieser sollte an einem möglichst windgeschützten Ort und weit weg von brennbaren Materialien wie etwa dürren Ästen oder trockenem Laub sein. So eignen sich beispielsweise ein kiesiges Flussbett, sandiger Boden oder harter, felsiger Untergrund recht gut. Seid ihr in einem waldigen Gebiet, entfernt alles brennbare Material bis zum nackten Boden und legt grüne Zweige unter, falls ihr keine Grube ausheben könnt.

2.
VORBEREITEN DES FEUERS

Seht euch um, ob es bereits eine alte Feuerstelle in der Nähe gibt, die ihr nutzen könnt. Sonst am besten entweder eine 10 cm tiefe Mulde mit mindestens 50 cm Durchmesser im Boden ausheben und/oder einen Ring aus Steinen anlegen. Das dient der Sicherheit und erleichtert euch außerdem das Auflegen eines Grillrostes.

3.
SAMMELN VON ZUNDER UND FEUERHOLZ

Trockener Zunder ist das Wichtigste, um überhaupt ein Feuer in Gang zu bringen. Hierfür eignen sich trockene Gräser, Rinde (z. B. von Birken), kleine Zapfen, dünner Reisig etc. Ferner braucht ihr dünne Äste und schließlich dickeres Feuerholz. Achtet darauf, vorab genügend Material zu sammeln! Im Dunkeln werdet ihr es deutlich schwerer haben, Nachschub zu finden, und ihr solltet euch nicht weit vom bereits brennenden Feuer entfernen. Vorsicht: Oft verstecken sich Tiere, mitunter auch giftige, unter trockenen Reisighaufen und unter Totholz. Fällt keine vitalen, noch grünen Büsche oder Bäume, die brennen ohnehin nicht gut, sondern sammelt am besten Totholz und trockenes Schwemmholz.

4.
AUFBAU UND ANZÜNDEN

Nun den Zunder in der Mitte des Feuerrings luftig aufstapeln und dünnen Reisig wie ein Zelt darüber anordnen. Jetzt anzünden und vorsichtig Sauerstoff hineinpusten. Das funktioniert natürlich mit einem Feuerzeug oder Streichhölzern, wetterfest und Trapper-mäßiger geht das mit einem Feuerstahl. Den gibt es für wenig Geld im Campingbedarf. Der Feuerstein besteht aus einer Magnesium-Legierung. Reibt man sie z. B. an der Rückseite einer Messerklinge, spuckt der Feuerstahl sehr heiße Funken. Sobald kleine Flammen im Zundernest züngeln, langsam immer dickere Äste zeltförmig aufschichten und dem Feuer immer genügend Zeit und Luft gönnen, um größer zu werden. Bei Bedarf noch ein paar Mal kräftig pusten.

Die dicken, längeren Äste beim Verbrennen entweder nach innen nachschieben oder vorher mit einer Säge (ich habe immer eine klappbare Zugsäge dabei) in Scheite sägen.

5.
KONTROLLE UND LÖSCHEN

Lasst euer Feuer nicht zu groß werden und achtet stets auf den Funkenflug. Löscht das Feuer am besten mit Wasser, Erde oder Sand komplett, bevor ihr schlafen geht oder weiterzieht. Wenn noch etwas Holz übrig ist, stapelt es ruhig neben der Stelle auf. Euer Nachfolger wird sich darüber freuen!

ANTIPASTI-GEMÜSE

2 PAPRIKA
2 KLEINE ZUCCHINI
1 AUBERGINE
1 KNOBLAUCHZEHE
OLIVENÖL
SALZ, PFEFFER

FRISCHE KRÄUTER, Z. B. TYMIAN, ROSMARIN, PETERSILIE, SOWIE CHILI NACH GESCHMACK

Gemüse putzen und in breite Streifen oder mundgerechte Stücke schneiden. Den Knoblauch fein hacken. Die Kräuter zupfen und grob hacken, aber immer erst nach dem Grillen darüberstreuen.

Zubereitung mit Grill:
Entweder alle Zutaten zusammen mit den gemischten Kräutern und Knoblauch in einer Schüssel marinieren und würzen oder z. B. Paprika mit Rosmarin, Zucchini mit Thymian und Aubergine mit Petersilie (nach dem Grillen) würzen. Von beiden Seiten grillen und dann in eine Schüssel oder einen tiefen Teller geben, abschmecken, etwas Olivenöl darüberträufeln und ziehen lassen.

Zubereitung mit Kocher:
Die verschiedenen Gemüsesorten separat in kleinen Portionen in einer Pfanne braten.

Natürlich lassen sich so auch andere Gemüsesorten zubereiten, etwa Kürbis, Karotte, Lauchzwiebeln, Fenchel etc. Und auch beim Würzen könnt ihr kreativ sein.

TIPP:

- Die Aubergine zusätzlich mit Honig und Ras el-Hanout marinieren und nach dem Grillen mit gehackten Walnusskernen bestreuen.
- Eventuelle Reste eignen sich als Belag für ein mega-leckeres Sandwich oder als Füllung für Wraps.

NALOJA

BEST BURGER EVER

Burger sind längst salonfähig und erleben seit einiger Zeit einen richtigen Hype. Aus dem Fast-Food-Klassiker könnt ihr ganz leicht ein gesundes Deluxe-Geschmacksfeuerwerk machen. Es ist bereits einen gewaltiger Unterschied, wenn ihr die Buns (Burgerbrötchen) für eure Burger selbst backt (siehe Rezept Seite 25). Wenn ihr die Pattys (Hackfleisch) jetzt noch auf offenem Feuer oder Holzkohle grillt, werdet ihr den Burger völlig neu entdecken. Hochwertige Zutaten, besondere Käse und auch eigene Kreativität machen den Burger zum echten Highlight. Wenn das Rinderhackfleisch ganz frisch ist, könnt ihr den Burger natürlich auch leicht „medium" servieren.

BACON-CHEESEBURGER

2 BURGER-BUNS (REZEPT SEITE 25)

PATTYS
300 G RINDERHACK
JE ½ TL SALZ, PFEFFER

TOPPING
1 STÜCK FRISCHE GURKE
1 TOMATE
1 ESSIGGURKE
2 SCHEIBEN KÄSE (Z. B. GOUDA ODER BERGKÄSE)
4 SCHEIBEN BACON
2 BLÄTTER SALAT
1 TL SENF
2 TL KETCHUP
1 TL MAYO

OPTIONAL: FRISCHE KRESSE, ZWIEBELRINGE

Grill anheizen, Hackfleisch würzen und gut durchkneten. Dann am besten mit feuchten Händen zwei Pattys formen (etwas größer als die Buns, da sie beim Grillen leicht schrumpfen). Gurke und Tomate in Scheiben schneiden.

Den Bacon in einer Pfanne kross braten, die Zwiebelringe nach Belieben in dem übrigen Fett glasieren, überm Feuer grillen oder roh lassen.

Die Pattys ca. 2–3 Minuten angrillen, bis sie schön braun sind, wenden und mit Käse belegen. Buns halbieren und auf den Schnittseiten ebenfalls kurz angrillen.

Alle Zutaten auf den Burger geben und genießen.

VARIANTEN

BIG KAHUNA

2 EL Soja-oder Teriyaki-Sauce ins Rinderhack geben, beim Grillen Ananasscheiben zwischen den Käse und die Pattys legen.

VEGGIE

Statt Rinderhack Falafel auf den Burger legen (Rezept Seite 84).

BIG ITALIAN

Etwas Rosmarin und Knoblauch ins Rinderhack geben, gegrilltes Antipasti-Gemüse (Rezept Seite 160) statt Gurkenscheiben, Parmaschinken statt Speck, Taleggio-Käse und als Salat Rucola nehmen.

TAGLIATA

DAS PERFEKTE STEAK

1 RINDERSTEAK
À 200–250 G PRO PERSON
SALZ, PFEFFER

OLIVENÖL, ZITRONENSAFT UND
KRÄUTER NACH BELIEBEN

Die Auswahl des Steaks ist sehr wichtig. Am besten sucht ihr einen guten Metzger auf und verlangt marmoriertes, abgehangenes Fleisch. Infrage kommen Stücke wie Entrecôte, Porterhouse-, Flank- oder T-Bone-Steak. Große, dicke Steaks ruhig so lassen und später mit einer zweiten Person teilen.

Lasst das Fleisch eingepackt und holt es 1–2 Stunden vor dem Grillen aus der Kühlbox (aber nicht in die Sonne), damit es temperieren kann.

Arrangiert Holz oder Kohle so, dass ihr in einer Ecke des Grills keine Kohle oder Holz habt und diese als Ruhezone nutzen könnt.

Das Fleisch leicht salzen und bei großer Hitze von beiden Seiten angrillen. Dann langsamer grillen und bei Bedarf in die Ruhezone schieben. Mit den "Fingertrick" (siehe Seite 173) könnt ihr testen, wie weit das Fleisch durchgebraten ist. Am besten schmeckt es medium rare oder medium. Wenn roter bis rosa Fleischsaft austritt, das Fleisch noch mal kurz in Alufolie wickeln und 5 Minuten in der Ruhezone parken.

Auf einem Schneidebrett in Scheiben aufschneiden, gut salzen und pfeffern und nach Geschmack mit Olivenöl beträufeln, Zitronensaft darübergeben sowie gehackte Kräuter darüberstreuen.

TIPP:

Dazu passen prima Ratatouille, Polenta, Süßkartoffeln, Folienkartoffeln oder einfach frisches Baguette.

Eventuelle Reste sind der Belag für ein mega-leckeres Sandwich am nächsten Tag.

FINGERTRICK

ZUM PRÜFEN DER GARSTUFE

1.
Drückt bei offener, entspannter Hand mit dem Zeigefinger der anderen Hand auf euren Daumenballen. So fühlt sich "rohes Steak" an.

2.
Berührt ohne Druck mit dem Zeigefinger eure Daumenspitze und formt so ein O, prüft wieder mit dem Zeigefinger der anderen Hand. Der Ballen wird etwas härter und entspricht jetzt in etwa einem noch blutigen, also "rare" oder "englisch" gegrilltem Steak.

3.
Mögt ihr das Fleisch "medium rare", haltet Daumen und Mittelfinger zusammen – nun wird der Ballen etwa ebenso fest wie ein rosa bis rot gebratenes Steak. Vergleicht das, indem ihr mit der Grillzange oder dem einem Finger auf das Steak drückt. Wenn es sich genauso anfühlt, könnt ihr es jetzt vom Grill nehmen. Mein Favorit.

4.
Die Garstufe "medium", also schön rosa innen, ohne das es noch blutig ist, könnt ihr mit Daumen und Ringfinger erfühlen. Die meisten werden es genau so essen wollen.

5.
Wenn es ganz durch sein soll oder muss, dann legt den kleinen Finger zum Daumen. Der straffe Ballen gibt gut das Gefühl eines "well done" gebratenen Fleisches wieder.

DORSCHFILETS MIT HAFERFLOCKENPANADE

Wer keinen Dorsch bekommt, nimmt einen anderen festfleischigen weißen Fisch.

2 DORSCHFILETS À 150–200 G
3 EL MEHL
1 TASSE HAFERFLOCKEN
1 EI
2 EL ZITRONENSAFT
2 EL RAPSÖL
PAPRIKAPULVER
SALZ, PFEFFER

1 TL BUTTER NACH BELIEBEN
ZITRONENSPALTEN ZUM SERVIEREN

Die Fischfilets flach auf einen Teller legen, in drei weitere tiefe Teller Mehl, Haferflocken und verquirltes Ei (evtl. mit 1 EL Wasser oder Milch verdünnt) geben.

Die Fischfilets mit Zitronensaft benetzen und mit Paprika, Salz und Pfeffer würzen. Nun in Mehl wenden und überschüssiges Mehl abklopfen. Anschließend im Ei wälzen. Am besten mit einer Gabel arbeiten, dann bleibt nicht alles an den Fingern kleben. Anschließend den Fisch in die Haferflocken legen, mehrmals wenden und leicht andrücken.

Das Öl in einer Pfanne auf mittlerer Stufe erhitzen und den Fisch darin langsam braten. Die Panade sollte goldbraun und der Fisch gar sein. Besonders gut schmeckt es, wenn ihr am Schluss bei geringer Hitze noch 1 TL Butter in der Pfanne aufschäumt und die Filets darin wendet. Mit Zitronenspalten servieren.

Dazu schmecken immer Salate, z.B. Gurken- oder Kartoffelsalat.

TIPP:
Probiert die Panade auch einmal mit Hähnchen oder anderen Fischfilets wie Hecht.

Vegetarische **VARIANTE:**
Auch Halloumi, Feta oder Knollensellerie (in dünnen Scheiben) lassen sich panieren und braten.

FISCH FILETIEREN

Egal ob selbst gefangen oder frisch auf dem Markt gekauft, Fisch zu filetieren ist mit etwas Übung nicht schwer und gehört einfach zu den Skills für alle Outdoor-Köche.

Ihr braucht – außer dem Fisch – ein wirklich scharfes, am besten leicht flexibles Messer. Wenn ihr kein spezielles Filetiermesser besitzt, wählt ein möglichst langes und schmales Messer aus. Nun braucht ihr noch ein Schneidebrett oder eine saubere, rutschfeste Unterlage.

1. SCHUPPEN:

Zunächst entscheidet euch, ob ihr den Fisch schuppen wollt oder später die Filets ohne Haut braten werdet. Manche Fische, etwa Forellen oder Saiblinge, muss man gar nicht schuppen. Ich liebe knusprig gebratene Haut, denn diese schützt das Filet beim Braten vor dem Austrocknen. Zum Schuppen könnt ihr einen speziellen Fisch(ent)schupper verwenden. Die Rückseite einer Messerklinge oder ein stabiler Suppenlöffel eignen sich aber auch. Nun einfach kräftig gegen die Schuppenrichtung zum Kopf hin schaben, bis alle Schuppen gelöst sind.

2. AUSNEHMEN:

Mit der Messerspitze in den After einstechen und den Fisch bis zwischen den Kiemen aufschneiden. Achtet dabei darauf, nicht zu tief in den Fisch zu stechen, um die Galle nicht zu verletzen, sonst ist der Fisch verdorben. Die Galle befindet sich kurz vor dem Kopf. Dann die Innereien behutsam herausziehen und eventuell die Speiseröhre abschneiden. Jetzt noch die dunkeln Nierenreste mit einem Kaffeelöffel am Rückgrat entlang herauskratzen und den Fisch gründlich auswaschen. Bei Bedarf trocken tupfen.

3. FILETIEREN:

Mit dem Messer auf einer Seite einen schrägen, bogenförmigen Schnitt hinter den Kiemen zum Kopf hin machen. Messer drehen und am Rückgrat entlang in Richtung Schwanz schneiden, dann mit vorsichtigen Vor- und Rückwärtsbewegungen vom Rückgrat Richtung Bauch schneiden. Dabei müsst ihr auch die manchmal kräftigen Gräten durchtrennen. Das Filet abheben und den Fisch wenden. Mit dem zweiten Filet wiederholen. Jetzt noch die Bauchgräten herauslösen, Flossen abschneiden und die Filets putzen. Fertig!

Wer alle Gräten sauber entfernen will, schabt einmal mit dem Messerrücken vom Schwanz- zum Kopfende über das Filet. Dabei stellen sich die sogenannten Stehgräten auf, die ihr einzeln mit einer Pinzette oder der Zange des Taschenmessers herausziehen könnt.

FEUERTONNEN-KASFONDUE

Die Idee für dieses gesellige Freiluft-Fondue ist an kalten Winterabenden in tief verschneiten Bergen entstanden. Nach einem langen Tag auf Skiern im Backcountry ist es einfach toll, abends ein wärmendes Feuer vor dem Bus zu haben. Dafür hat ein Freund eine kleine Feuertonne konstruiert, auf deren oberen Rand man einen Blechtopf stellen kann. Fertig ist das Outdoor-Caquelon. Natürlich funktioniert es alternativ auch gut in einem Dutch Oven (siehe auch Seite 189) oder bei schlechtem Wetter im Bus in einem Topf auf dem Gasherd. Aber in jedem Fall gilt: Wer sein Brotstück verliert, muss abspülen!

JE 200 G GREYERZER UND
EMMENTALER, ALTERNATIV
GOUDA UND BERGKÄSE
1 GLAS WEISSWEIN
ETWAS GERIEBENE MUSKATNUSS
WEISSER PFEFFER ODER
GEMAHLENER CAYENNE-PFEFFER

OPTIONAL: 1 KNOBLAUCHZEHE
ZUM AUSREIBEN DES TOPFES,
1 SCHNAPSGLAS OBSTBRAND

½ DUNKLES BAUERNBROT ODER
1 KNUSPRIG GEBACKENES WEISSBROT

Den Käse grob reiben oder gleich im Geschäft reiben lassen. Das Brot in mundgerechte Stücke schneiden. Die Hälfte des Weins im Topf erhitzen, den Käse zugeben und unter ständigem Rühren schmelzen. Nach und nach den restlichen Wein zugeben. Gewürze und Schnaps, falls verwendet, einrühren. Der Käse sollte nicht so heiß sein, dass man sich die Zunge daran verbrennt.

Je ein Brotstück auf eine Gabel oder – noch besser – einen spitz geschnitzten, dünnen Stecken aufspießen, in die Käsemasse tauchen und dabei drehen.

FLADENBROT VOM STEIN

2 TASSEN WEIZENMEHL, TYPE 550 ODER DINKEL- ODER HELLES VOLLKORNMEHL, ½ TL SALZ, 1 EL RAPS- ODER OLIVENÖL, ½ TASSE WASSER, 2 EL ZERLASSENE BUTTER

Mehl und Salz in eine Schüssel geben, Öl und Wasser nach und nach zugeben und einen geschmeidigen Teig daraus kneten. Abdecken und ca. 15 Minuten ruhen lassen.

Aus dem Teig eine Rolle formen, diese in 10–12 Portionen teilen und leicht mit Mehl bestäuben. Aus jeder Portion einen flachen, handgroßen Fladen ausrollen. Das geht zur Not auch mit einer Weinflasche.

Einen flachen Stein im Lagerfeuer erhitzen und dann an den Rand der Feuerstelle ziehen. Die Fladen darauf von beiden Seiten kurz backen. Natürlich geht das auch in einer Pfanne, am besten in einer aus Gusseisen. Nach dem Backen die Fladen auf beiden Seiten ganz dünn mit Butter bestreichen und auf einem Teller stapeln.

TIPP:

Ich liebe einfach die Dips von Seite 86/87 dazu. Mit den Hähnchenspießen oder Kebabs ergeben die Fladen ein total leckeres, einfaches und doch besonderes Outdoor-Essen.

HÄHNCHEN-SATAY

2 KLEINE HÄHNCHENBRUSTFILETS, 1 KNOBLAUCHZEHE, 1 KLEINES STÜCK INGWER, 1 KLEINER CHILI, 1 EL HONIG, 2 EL SOJASAUCE, SAFT VON ½ LIMETTE, SALZ, PFEFFER, ERDNUSSSAUCE ZUM SERVIEREN

Hähnchenbrustfilets der Länge nach in dünne Streifen schneiden.

In einer Schüssel die Marinade vorbereiten: Knoblauch, Ingwer und Chili fein hacken und mit den flüssigen Zutaten verrühren. Mit Salz und Pfeffer würzen. Die Hähnchenstreifen in die Marinade legen und gut mischen. Am besten ein paar Stunden oder über Nacht gekühlt ziehen lassen. Jetzt je einen Streifen Hähnchen in Schlangenlinien auf einen gewässerten Holzspieß auffädeln, dabei das untere Drittel freilassen.

Bei mittlerer Hitze am Rand grillen, bis das Fleisch dunkelbraun ist.

ADANA KEBAP

1–2 KNOBLAUCHZEHEN, 1 ZWIEBEL, 300 G RINDERHACKFLEISCH, 1 TL PAPRIKAPULVER, 1 TL GEMAHLENER KREUZKÜMMEL ODER RAS EL-HANOUT, SALZ, PFEFFER, CHILIPULVER, 2 TL FRISCH GEHACKTER THYMIAN NACH BELIEBEN, 1 FLADENBROT UND JOGHURT-DIP (REZEPT SEITE 87) ZUM SERVIEREN

Knoblauch und Zwiebel fein würfeln und mit Hackfleisch und den Gewürzen gut vermischen. Die Masse vierteln und in der Dicke einer Wiener Wurst auf vier lange, frische Haselruten, andere Stecken oder Metall-Grillspieße drücken und grillen. Mit Fladenbrot und Joghurt-Dip servieren.

ADANA KEBAB
HÄHNCHEN-SATAY

LAMM-SCHAWARMA

300 G LAMMRÜCKEN, AUSGELÖST

MARINADE
3 EL JOGHURT
2 EL OLIVENÖL
½ TL GEMAHLENER KREUZKÜMMEL
1 KNOBLAUCHZEHE, FEIN GEHACKT
1 KLEINER CHILI, FEIN GEHACKT
1 MSP. ZIMT
SAFT VON ½ ZITRONE

TOPPING
2 STÄNGEL PETERSILIE
½ GURKE
1 TOMATE
1 KLEINE ZWIEBEL
SALZ, PFEFFER

HUMMUS- ODER JOGHURT-DIP
(REZEPT SEITE 86/87) NACH BELIEBEN

2 GROSSE TORTILLA-FLADEN
ODER 1 PITA-BROT ZUM SERVIEREN

Für die Marinade alle Zutaten verrühren und z. B. in einen Gefrierbeutel geben. Die Lammschulter darin – am besten über Nacht – gekühlt marinieren. Tomate und Gurke in Würfel schneiden, die Zwiebel in dünne Ringe, die Petersilie grob hacken.

Das abgetropfte Lammfleisch scharf angrillen und dann langsam ca. 5 Minuten je Seite am Rand des Grills weitergaren. Das Fleisch zwischendurch nochmals mit der Marinade aus der Tüte bestreichen und dann in dünne Streifen schneiden.

Tortillas oder Pita von beiden Seiten kurz auf dem Grill erhitzen. Die Lammstreifen nach Belieben nachsalzen und pfeffern und mit den anderen Zutaten sowie dem Dip auf den Tortillas verteilen und wie einen Wrap rollen bzw. das Pita-Brot halbieren und füllen.

GEBRATENE SÜSSKARTOFFEL MIT SPARGEL

Hier habt ihr die Wahl zwischen gegrilltem Gemüse oder einem Pfannengericht. Legt ihr die Süßkartoffeln auf den Grill, schneidet die Scheiben einfach etwas dicker und halbiert die Spargelstangen nur. Ein wunderbares vegetarisches Gericht oder bunte Beilage zu gegrilltem Fisch oder Fleisch.

2–3 SÜSSKARTOFFELN
1 KLEINER BUND SPARGEL, WEISS ODER GRÜN
½ BUND FRÜHLINGSZWIEBELN
½ BUND PETERSILIE ODER KORIANDER
4 EL OLIVENÖL
SALZ, PFEFFER, CHILIPULVER

1 KNOBLAUCHZEHE UND SAFT VON ½ ZITRONE NACH BELIEBEN

Süßkartoffeln schälen und in dünne Scheiben schneiden. Den Spargel schälen (weißen Spargel zu zwei Dritteln, bei grünem nur das untere Viertel) und in ca. 4 cm lange Stücke schneiden. Frühlingszwiebeln in feine Ringe schneiden, die Kräuter hacken. Öl und Gewürze mit dem fein gehackten Knoblauch und dem Zitronensaft, falls verwendet, verrühren und das Gemüse darin marinieren.

Jetzt entweder langsam grillen oder erst die Süßkartoffelscheiben und dann den Spargel in einer Pfanne anbraten. Zum Servieren die Kräuter einrühren und Frühlingszwiebelringe darüberstreuen.

Dazu passt super der Joghurt-Dip (Rezept Seite 87).

FOLIENKARTOFFEL MIT KRÄUTERQUARK

4 GROSSE, VORWIEGEND FESTKOCHENDE KARTOFFELN
2 EL OLIVENÖL
2 KNOBLAUCHZEHEN
250 G QUARK (MAGERSTUFE)
250 G QUARK (20%)
½ TASSE MILCH
FRISCHE KRÄUTER, Z. B. PETERSILIE, BASILIKUM, DILL, KERBEL, KORIANDER
SALZ, PFEFFER

CHILI- ODER PAPRIKAPULVER ZUM BESTÄUBEN NACH GESCHMACK

Die Kartoffeln waschen und abbürsten, jedenfalls nicht schälen, und auf ein Stück Alufolie legen. Mit dem Olivenöl beträufeln und rundum kräftig salzen, dann fest in die Folie wickeln.
Den Quark in einer Schüssel mit so viel Milch verrühren, dass er eine cremig weiche, aber nicht zu flüssige Konsistenz bekommt. Mit Salz und Pfeffer abschmecken. Den Knoblauch fein hacken und einrühren. Die Kräuter zupfen, grob hacken und ebenfalls einrühren. Chili- oder Paprikapulver darüberstreuen.
Die Kartoffeln am besten am Rand des Lagerfeuers oder in der Ruhezone vom Kohlegrill ca. 1 Stunde grillen. Wenn die Kartoffeln vorgekocht sind, reduziert sich die Grillzeit auf 20–30 Minuten. Mit einem Messer oder einem Holzspieß die Garprobe machen. Mit dem Kräuterquark servieren.
Statt Kartoffeln lassen sich auch Gemüsesorten wie große Stücke Kürbis, ganze Rote Bete (ungeschält) oder ganzer Fenchel in Folie grillen.

TIPP:
Flotter geht's, wenn ihr die Kartoffeln zuerst 15 Minuten vorkocht und vor dem Grillen etwas abkühlen lasst. Echte Sammler ersetzen die Küchenkräuter durch Wildkräuter, etwa Brunnenkresse, Brennnessel, wilden Oregano etc.

GEMÜSE-FETA-PÄCKCHEN

2 PAPRIKA ODER SPITZPAPRIKA
2 ZUCCHINI
1 EL OLIVENÖL
150 G FETA
FRISCHE KRÄUTER, Z. B. ROSMARIN, THYMIAN
SALZ, PFEFFER

1 CHILI NACH BELIEBEN

Paprika und Zucchini putzen und in Ringe, Scheiben oder Streifen schneiden, dann auf ein Stück Alufolie legen. Mit dem Olivenöl beträufeln und mit Salz und Pfeffer würzen.
Den Feta grob zerbröseln und über dem Gemüse verteilen. Zuletzt die Kräuter und den in Ringe geschnittenen frischen Chili, falls verwendet, zugeben. Das Ganze mit der Folie zu einem Päckchen wickeln.
Am besten am Rand vom Lagerfeuer oder in der Ruhezone des Kohlegrills ca. 15 Minuten grillen. Mit einem Messer oder Spieß die Garprobe machen.
Statt Paprika und Zucchini eignen sich auch andere Gemüse wie Pilze, Lauchzwiebeln, Auberginen etc.

TIPP:
Wenn ich von meinem selbst gemachten Pesto etwas im Bus dabei habe, mariniere ich den Feta vor dem Grillen damit.

MEDITERRANER HÄHNCHENSCHMORTOPF

- 1 PAPRIKA
- 1 ZUCCHINI
- 2 GROSSE HÄHNCHENKEULEN
- 1 ROTE ODER WEISSE ZWIEBEL
- 1 MILDE PEPERONI, ALTERNATIV ½ TL CHILIPULVER
- 2 KNOBLAUCHZEHEN
- 4 EL OLIVENÖL
- 4 VORWIEGEND FESTKOCHENDE KARTOFFELN
- 1 DOSE GEHACKTE TOMATEN
- 100 ML WEIN NACH BELIEBEN
- SAFRANPULVER ODER KURKUMA
- 1 KLEINE DOSE OLIVEN (70–100 G ABTROPFGEWICHT)
- 1 HANDVOLL FRISCHE KRÄUTER, VORZUGSWEISE ROSMARIN, THYMIAN UND PETERSILIE
- PAPRIKAPULVER
- SALZ, PFEFFER

Paprika und Zucchini putzen und in mundgerechte Stücke schneiden. Die Hähnchenkeulen mit Salz, Pfeffer und Paprika kräftig würzen.

Die Zwiebel in kleine Würfel schneiden, Peperoni und Knoblauch fein hacken. Im vorgeheizten Dutch Oven oder in einem großen Topf die Keulen rundum im Olivenöl anbraten, dann aus dem Topf nehmen. Nun Zwiebel, Knoblauch und Chili in dem gleichen Öl andünsten und die Gemüsestücke zugeben.

Die Kartoffeln schälen und vierteln. Die Tomaten und den Wein, falls verwendet, angießen, Gewürze zugeben, gut umrühren.

Die Hähnchenkeulen mit den Kartoffeln in den Topf geben und bei aufliegendem Deckel am Rand des Feuers oder auf kleiner Flamme einmal aufkochen und dann ca. 45 Minuten schmoren (die Flüssigkeit sollte minimal sprudeln).

15 Minuten vor Ende der Garzeit die abgetropften Oliven zugeben. Die Kräuter hacken und 2 Minuten vor Ende der Garzeit einrühren und mit Salz und Pfeffer abschmecken.

Schmeckt am besten mit frischem Baguette und einem Glas Wein.

TIPP:

Eventuelle Reste ergeben einen sehr leckeren Nudel-Sugo. Dafür Hähnchenfleisch vom Knochen lösen und klein schneiden oder zupfen und wieder in die Sauce geben.

DUTCH OVEN

Kochen, Schmoren, Braten und Backen wie einst im wilden Westen. Zugegeben, das schwere gusseiserne Kochgeschirr ist nichts für Zeltcamper und Bus-Kocher. Der Dutch Oven gehört nach draußen aufs offene Feuer. Er funktioniert natürlich auch mal auf einem Gaskocher, wenn ihr gerade kein Feuer machen könnt. Die Möglichkeiten der Verwendung sind dafür sehr vielfältig. So kann man auch glühende Kohlen oder Holzteile auf den Deckel legen und dann in dem Topf hervorragend backen und schmoren.

Ich selbst besitze ein Set aus fünf unterschiedlich großen Teilen. Unverzichtbar ist ein Greifer für den Deckel und ein Dreibein-Fuß. Man kann den Dutch Oven auch an einem Henkel übers Feuer hängen. Reinigt den Dutch Oven immer nur mit einer Bürste, einem Tuch oder mit einem Schwamm. Wenn überhaupt mit Wasser, dann nur mit klarem Wasser und nie mit Spülmittel reinigen. Danach lasst ihn trocknen und reibt ihn unbedingt wieder innen und außen mit Öl ein – wie eine gute gusseiserne Pfanne –, da er sonst rostet.

GANZER FISCH VOM GRILL

Ganze Fische zu grillen ist eigentlich ziemlich einfach. Wenn ihr ein paar Dinge beachtet, sind sowohl der Erfolg als auch ein 1a-Geschmacks-erlebnis garantiert. Egal ob Süßwasser- oder Meeresfisch: Hauptsache, er ist eher festfleischig und etwas fett. Es eignen sich Forelle, Hecht und Aal genauso wie Dorade, Makrele und Brasse.

1–2 FISCHE, JE NACH GRÖSSE
½ BIO-ZITRONE
1 TL BUTTER
½ BUND PETERSILIE ODER THYMIAN ODER ROS-MARIN
1 TL OLIVENÖL
SALZ, PFEFFER

1 KNOBLAUCHZEHE NACH BELIEBEN

Die Fische gründlich auswaschen und trocken tupfen. In der Bauchhöhle kräftig mit Pfeffer und Salz würzen. Die Zitrone in Spalten schneiden und leicht über dem Fisch mit der Hand auspressen, dann mit Butter und Kräutern in den Bauchraum füllen. Knoblauch, falls verwendet, mit einem Messer samt Schale flach drücken, halbieren und ebenfalls in den Bauchraum legen. Den Fisch außen kurz vor dem Grillen mit Olivenöl bestreichen, pfeffern und salzen.

NUN HABT IHR MEHRERE MÖGLICHKEITEN:
Es gibt spezielle Grillkörbchen für Fische, in die ihr den Fisch legen könnt. So fällt nichts von der Füllung heraus, der Fisch ist leicht zu wenden und kann nicht auseinanderfallen. So ein Körbchen ist darum immer meine erste Wahl! Habt ihr nur einen Rost, dann schließt die Bauchhöhle am besten mit einem Zahnstocher oder Stöckchen und legt den Fisch vorsichtig auf. Die dritte Möglichkeit ist, den Fisch in feste Alufolie zu wickeln, dann braucht ihr im Grunde nicht einmal einen Grillrost.

WICHTIG IST IN JEDEM FALL:
Nie zu heiß grillen bzw. mit genügend Abstand. Sonst verbrennt der Fisch außen und bleibt innen roh. Achtet auch darauf, ihn nicht zu lange auf dem Grill zu lassen, sonst wird er trocken. Frischer Fisch darf ruhig noch leicht glasig sein. So braucht eine kleine Forelle oder Dorade insgesamt nur etwa 15 Minuten auf dem Grill.

TRICK:
Wenn sich die Rückenflosse leicht herausziehen lässt, ist der Fisch gar.

TIPP

FRISCHEN FISCH ERKENNEN

Wenn ihr einen ganzen Fisch kauft, könnt ihr schnell feststellen, ob er fangfrisch ist oder schon einige Zeit auf einen Käufer wartet.

1.
Augen: Sie sollen glasklar und eher nach außen gewölbt sein. Trübe und/oder eingefallene Augen bedeuten: Finger weg!

2.
Kiemen: Sie sollen hellrosa und appetitlich frisch sein, dunkle oder lila verfärbte Kiemen deuten auf mangelnde Frische hin.

3.
Fleisch: Wenn ihr mit einem Finger auf das Fischfleisch drückt, sollte es sich fest und elastisch anfühlen. Wenn es weich ist und euer Fingerabdruck als Delle zurückbleibt, ist Vorsicht geboten!

4.
Geruch: Meist nicht sehr stark und auch nicht „fischig". Geschulte Nasen können hier ebenfalls Rückschlüsse auf die Frische ziehen.

SALTIMBOCCA

4 KLEINE DÜNNE KALBSSCHNITZEL
8 SALBEIBLÄTTER
4 SCHEIBEN ROHER SCHINKEN, Z. B. PARMA
SALZ, PFEFFER

Die Schnitzel flach auf einem Teller auslegen, die Salbeiblätter darauf verteilen, mit Schinken abdecken und leicht andrücken.

Sparsam würzen (der Schinken ist schon salzig) und immer auf der Schinkenseite anbraten oder angrillen. So wird das zarte Fleisch vor dem Austrocknen geschützt. Für die letzten Sekunden wenden und kurz von der Fleischseite braten oder grillen.

Wenn ihr die Schnitzel in einer Pfanne zubereitet, könnt ihr auch eine Butterflocke dazugeben. Wer Zahnstocher dabei hat, kann die Zutaten damit fixieren.

Dazu passt immer: Risotto, Pasta, Salat und auch die schnelle Ratatouille (Rezept Seite 134).

TIPP:
Probiert auch andere Varianten, z. B. mit Geflügel oder festfleischigem Fisch (Zander oder Seeteufel) statt der Kalbsschnitzel.

Als vegetarische **VARIANTE** lege ich den Salbei auf eine Feta-Scheibe oder Halloumi. Die kann man auch noch mit etwas Paprikapulver würzen. Als Schinkenersatz dient eine sehr dünn geschnittene Scheibe Aubergine.

OSSOBUCO MIT GREMOLATA

Dieses Gericht lässt sich auch wunderbar im Dutch Oven (siehe Seite 189) zubereiten.

2 KAROTTEN
¼ KNOLLENSELLERIE ODER EINE SELLERIESTANGE
1 ZWIEBEL
2 KNOBLAUCHZEHEN
2 GROSSE BEINSCHEIBEN MIT KNOCHEN À 350–400 G VOM RIND ODER KALB
2 EL MEHL
3 EL RAPSÖL
1–2 EL TOMATENMARK
250 ML BIO-GEMÜSEBRÜHE ODER RINDERFOND
200 ML ROT- ODER WEISSWEIN
1 DOSE GEHACKTE TOMATEN
JE 2 EL FRISCHER ROSMARIN UND THYMIAN
SALZ, PFEFFER

GREMOLATA
1 KNOBLAUCHZEHE
1 BIO-ZITRONE
½ BUND PETERSILIE

Karotten, Sellerie und Zwiebel putzen und würfeln, den Knoblauch fein hacken.

Die Beinscheiben mit Salz und Pfeffer würzen, in Mehl wenden und mit Öl im heißen Dutch Oven oder einem großen Topf rundum gut anbraten. Das Fleisch herausnehmen, aber den Topf nicht auswaschen. Das Gemüse im Bratfett rösten und das Tomatenmark zugeben. Die Brühe und den Wein angießen. Die gehackten Tomaten zufügen. Kräftig abschmecken und gut umrühren, vor allem am Topfboden.

Das Fleisch nun auf das Gemüse legen und zugedeckt am Feuerrand oder auf kleiner Flamme 1 1/2 Stunden schmoren lassen. Wenn das Fleisch fast vom Knochen fällt und schön mürbe ist, Rosmarin und Thymian fein hacken und einrühren. Nach Wunsch verbliebene Stückchen in der Sauce mit einer Gabel zerdrücken.

Für die Gremolata die Knoblauchzehe abziehen und sehr fein würfeln. Die Zitronen heiß abwaschen und die Schale abreiben. Die Petersilienblätter abzupfen und fein hacken. Alle Zutaten mischen.

Ich liebe diese einfache Mischung, die auch zu gegrilltem Fisch, Steak und vielen anderen Speisen passt und eine herrliche, mediterrane Frische entfaltet.

Die Gremolata über den Ossobuco (wörtlich: „Knochen mit Loch") geben und mit Polenta (Rezept Seite 139), Kartoffelpüree oder frischem Brot servieren.

STOCKBROT

ERGIBT 6–8 STOCKBROTE

150 G QUARK
3 EL MILCH
5 EL RAPSÖL
1 EI
300 G (CA. 2 TASSEN) MEHL
3 TL BACKPULVER
¼ TL SALZ
GEHACKTER ROSMARIN,
PESTO ETC. NACH BELIEBEN

Zuerst die feuchten Zutaten Quark, Milch, Öl und Ei gut verrühren, dann Mehl, Backpulver und Salz einrühren und zu einem geschmeidigen Teig verarbeiten. Nach Belieben Rosmarin in den Teig kneten. Er hält sich gekühlt mehrere Tage.

Ein Stückchen Teig zwischen den Fingern zu einer langen Wurst ziehen und rollen und dann spiralförmig um das obere Ende eines ca. 1 Meter langen Stocks wickeln. Vorsichtig am Rand des Lagerfeuers oder über der Glut backen und dabei den Stock langsam drehen, bis es außen goldbraun ist.
Pur oder zu Gegrilltem essen, mit Pesto (siehe Seite 27) bestreichen oder mit einem Dip (siehe Seite 86/87) genießen.

Süße **VARIANTE**: Statt Salz einfach Zimt und Zucker in den Teig rühren.

STECKERLFISCH

Steckerlfisch ist eine Spezialität aus meiner Heimat Oberbayern. Nicht zu verwechseln mit getrocknetem Stockfisch! Hier wird ein gut gewürzter, frischer Fisch auf einen noch grünen, dünnen Ast (aka Steckerl) gespießt und über der Glut knusprig gebraten. Klassisch verwenden wir Renken oder Forellen; in Biergärten und auf der Wies'n (aka Oktoberfest) werden oft Makrelen gegrillt. Hauptsache, der Fisch ist eher etwas fett, sodass er beim Grillen nicht zu trocken wird.

2 FRISCHE FISCHE À 200–250 G,
Z. B. FORELLE ODER MAKRELE

MARINADE
½ BIO-ZITRONE
6 EL OLIVENÖL
1 KNOBLAUCHZEHE
JE 1 STÄNGEL ROSAMARIN,
THYMIAN
UND OREGANO
ETWAS CHILIPULVER
SALZ, PFEFFER

1 MSP. PAPRIKAPULVER
NACH BELIEBEN

Für die Marinade die Zitrone heiß abwaschen und die Schale abreiben, dann den Saft auspressen. Schale und Saft mit dem Öl vermischen. Knoblauch schälen und fein hacken oder reiben und zugeben. Die Blättchen von den Kräuterstielen zupfen, hacken und in die Marinade rühren. Mit Salz, Pfeffer, Chili und nach Belieben mit Paprikapulver würzen.

Die Fische gründlich waschen und mit Küchenpapier trockentupfen. Die Fische innen und außen mit der Marinade bestreichen, am besten schon am Vortag oder gleich morgens nach dem Einkauf auf dem Markt, dann aber im Kühlschrank lagern!

Zum Grillen den Fisch auf einen frischen und entrindeten Hasel- oder Weidenzweig von etwa 60 cm Länge spießen. Alternativ tut's auch ein langer (!) Grillspieß aus Metall.

Den Fisch über der vorher angeheizten Glut oder am Rand des Lagerfeuers langsam schön knusprig grillen und dabei öfter drehen. Vorsicht vor zu viel Hitze, sonst ist er außen schwarz und innen noch roh. Falls erforderlich zwischendurch mit Marinade bepinseln.
Wenn sich die Flossen an Bauch oder Rücken leicht herauszupfen lassen, ist der Fisch gar.

TIPP:

Mit einem herzhaften Brot oder einer Brezen genießen.
Kartoffelsalat oder grüner Salat passt auch perfekt dazu.

POPCORN

Ich habe das herrlich einfache Camping-Popcorn in Peru kennengelernt, da gehört es abends immer zum Lagerfeuer. Dieses Gericht eignet sich auch wunderbar für den Dutch Oven (siehe Seite 189).

SALZIG

¼ TASSE POPCORN-MAIS
2 EL RAPSÖL
2 EL ZUCKER ODER ¼ TL SALZ

Den Dutch Oven oder einen großen Topf gut heiß werden lassen. Den Topf von der Hitzequelle nehmen, das Öl und wahlweise Salz oder Zucker darin erhitzen, den Mais einstreuen, sehr kurz umrühren und sofort den Deckel auflegen. Zurück auf die Flamme stellen. Zwischendurch den geschlossenen Topf rütteln.

Wenn ihr den Mais nicht mehr poppen hört, das fertige Popcorn in eine Schüssel füllen und kurz ausdampfen lassen, so bleibt es schön knusprig.

SÜSS

SWEET LOVE

SÜSSES UND DESSERTS

Zeit zum Chillen und zum Entspannen. Gönnt euch was, am besten zusammen mit Freunden. Um ein perfektes Outdoor-Menü auf den Tisch zu zaubern, darf natürlich ein leckeres Dessert nicht fehlen. Lasst den Nachmittag oder Abend in eurem privaten Restaurant perfekt ausklingen. Hier findet ihr die richtigen Rezepte rund um Süßes. Die gehen garantiert schnell, schmecken lecker, und eure Nachbarn werden euch so richtig beneiden. Die Desserts funktionieren immer und überall ... natürlich auch zu Hause.

PFIRSICHPÄCKCHEN
BRATAPFEL
GEGRILLTE SCHOKOBANANEN
GEGRILLTE PFIRSICHE

BRATÄPFEL MIT DÖRROBST-FÜLLUNG

Die Füllung könnt ihr nach Belieben variieren. Bratäpfel sind nicht nur ein gesundes Dessert, sie passen auch als Beilage zu Wild oder Geflügel.

4 SÄUERLICHE ÄPFEL, Z. B. BOSKOP ODER COX ORANGE
2 EL MANDELSPLITTER
2 EL HONIG
4 EL GROB GEHACKTES DÖRROBST NACH WAHL
½ TL ZIMT
2 TL RUM UND 1 TL BUTTER NACH BELIEBEN

ALUFOLIE

Die Äpfel waschen und am Stiel einen ca. 2 cm dicken „Deckel" abschneiden. Mit einem Messer oder einem Apfelausstecher das Kerngehäuse entfernen, dabei nicht bis ganz unten durchstechen.

Die Mandelsplitter leicht anrösten und mit mit den übrigen Zutaten mischen. Optional Rum zugeben. Die Mischung in die ausgehöhlten Äpfel drücken, nach Geschmack eine Butterflocke daraufgeben und die Deckel auflegen.

Die Äpfel in Alufolie wickeln und 15–20 Minuten bei nicht zu starker Hitze am Rand grillen.

PFIRSICHPÄCKCHEN MIT AMARETTINI-FÜLLUNG

Vanille- oder Walnusseis schmeckt super dazu – falls ihr zu Hause kocht oder gerade eine Eisdiele in der Nähe ist.

1 EL GEHACKTE MANDELN
2 REIFE, ABER NICHT ZU WEICHE PFIRSICHE
2 EL AMARETTINI
1 EL HONIG
1 EL RUM NACH BELIEBEN

Die Mandeln leicht rösten, die Pfirsiche halbieren und entsteinen. Die Pfirsichhälften mit Honig und nach Belieben mit Rum beträufeln.

Die Amarettini grob zerbröseln und mit den Mandeln mischen, dann in die Pfirsiche füllen. Jede Hälfte einzeln in Alufolie packen und mit der runden Seite nach unten ca. 10 Minuten grillen.

GEGRILLTE SCHOKOBANANEN

Eine echte Geschmacksbombe! Ich habe eine abgewandelte Form in Asien entdeckt: Da werden die Bananen in der Schale gegrillt, anschließend geschält und mit eingedickter, sehr süßer Kondensmilch übergossen. Die könnt ihr im Asia-Laden oder Supermarkt bekommen. Definitiv auch sehr lecker!

2 REIFE, ABER NICHT ZU WEICHE BANANEN
2 RIEGEL ZARTBITTER-SCHOKOLADE (TAFELWARE)

ALUFOLIE

Von den Bananen nur einen ca. 3 cm breiten Streifen Schale abziehen. Mit einem Messer das Bananeninnere in 3–4 cm breite Stücke schneiden, dabei die verbliebene Schale möglichst nicht verletzen. Zwischen die Bananenscheiben je ein Stückchen Schokolade drücken.

Die Bananen in Alufolie wickeln und mit der geschälten Seite nach oben ca. 10 Minuten grillen.

GEGRILLTE PFIRSICHE MIT ROSMARIN + HONIG

2 REIFE, ABER NICHT ZU WEICHE PFIRSICHE
1 KLEINER ROSMARINZWEIG
3 EL HONIG
2 EL PINIENKERNE
1 BECHER NATURJOGHURT, GEKÜHLT

Die Pfirsiche halbieren und entsteinen. Rosmarin abzupfen, fein hacken und mit 2 EL Honig verrühren. Die Pfirsiche mit der Schnittfläche nach unten ca. 10 Minuten in der Honigmischung ziehen lassen.

Währenddessen Pinienkerne in einer Pfanne leicht anrösten. Den Joghurt mit dem verbliebenen Esslöffel Honig glatt rühren.

Die Pfirsichhälften abtropfen lassen und von jeder Seite ca. 2 Minuten auf Alufolie grillen. Mit der Schnittfläche nach oben auf Teller legen, mit der Honigmischung beträufeln und mit den Pinienkernen bestreuen. Dazu den am besten gekühlten Joghurt servieren.

TIPP:

Auch dieses Rezept kann mit 1 Esslöffel Rum, falls vorhanden, verfeinert werden. Einfach beim Marinieren dazugeben.

CAMPING-TIRAMISU

Einer meiner Dessert-Favoriten für unterwegs. Ohne Ei und geschlagene Sahne, einfach und schnell zubereitet, schmeckt es immer und überall.

200 G MASCARPONE
CA. 4 EL MILCH
2 EL BRAUNER ZUCKER
½ BIO-ZITRONE
8 LÖFFELBISKUITS
2 ESPRESSI
KAKAOPULVER

Mascarpone, Milch und Zucker glatt rühren. Die Zitrone heiß abwaschen und die Schale fein abreiben. Die Zitrone auspressen, dann Schale und Saft unter die Creme rühren.

Die Hälfte der (je nach Form zerkleinerten) Löffelbiskuits kurz in Espresso tauchen und mit der Zuckerseite nach unten auf zwei große runde Gläser oder Dessertschalen verteilen. Die Hälfte der Creme auf die beiden Portionen verteilen und verstreichen. Eine weitere Lage der in Kaffee getränkten Löffelbiskuits einschichten, dann die restliche Creme darauf verteilen und verstreichen.

Mindestens 30 Minuten gekühlt durchziehen lassen und dann mit Kakaopulver bestreut servieren. Ihr könnt das gesamte Rezept auch in einer Frischhaltedose zubereiten und dann portionieren.

TIPP:

Falls ihr zu Hause Kahlúa oder einen anderen Kaffeelikör habt, füllt euch ein wenig ab und nehmt ihn mit. Mit dem Espresso verrührt und zum Tränken verwendet, schmeckt das Tiramisu noch unwiderstehlicher.

SCHICHTDESSERT MIT CANTUCCINI

Ich liebe Schichtdesserts. Sie retten uns immer, wenn unerwarteter Besuch kommt oder Freunde spontan bei uns am Bus auftauchen. Durch die Variation der Zutaten findet man immer schnell etwas Passendes im Supermarkt nebenan.

ERGIBT CA. 4 GLÄSER

200 G MASCARPONE
200 G NATURJOGHURT
1 TÜTCHEN VANILLEZUCKER
1 TASSE FRISCHE BEEREN NACH WAHL, EVTL. LEICHT GEZUCKERT
CA. 16 CANTUCCINI
½ GLAS ORANGENSAFT

1–2 EL AMARETTO UND 1 EL SCHOKOLADENRASPEL NACH BELIEBEN

Mascarpone, Joghurt und Vanillezucker verrühren. Die Schokoraspel, falls verwendet, untermischen.

Cantuccini in Stücke brechen oder in einem Gefrierbeutel mit z. B. einem Stein grob zerbröseln.

Cantuccini-Brösel mit Orangensaft (und Amaretto, falls verwendet) übergießen, Beeren und ca. 2 EL Mascarponecreme schichtweise in Gläschen füllen, Reihenfolge wiederholen und eine zweite Schicht einfüllen.

Mit der restlichen Creme abschließen. Nach Belieben mit Schokoraspel bestreuen und mit ein paar Beeren dekorieren.

TIPP:

Wenn ihr keine Cantuccini habt, könnt ihr stattdessen auch andere trockene Kekse, z. B. Butterkekse oder Amarettini, verwenden. Mascarpone kann durch Quark ersetzt werden, eventuell dann mit 2 Esslöffeln Milch oder Sahne verrühren. Statt Beeren könnt ihr auch Obststückchen nach Wahl einsetzen.

SWEET COUSCOUS MIT GETROCKNETEN APRIKOSEN

4 DATTELN OHNE STEIN
4 GETROCKNETE SOFT-APRIKOSEN
2 EL ROSINEN
1 TASSE INSTANT-COUSCOUS
1 PRISE SALZ
1 EL BUTTER
2 EL ORANGENSAFT
½ TL ZIMT
2 EL HONIG
2 EL MANDELBLÄTTCHEN

Datteln und Aprikosen fein würfeln, dann mit den Rosinen und dem Couscous mischen. Mit kochendem Wasser gemäß Packungsanleitung übergießen. 1 Prise Salz hinzufügen, die Butter unterrühren und das Ganze 5–10 Minuten quellen lassen.

Orangensaft, Zimt und Honig unterrühren. Mit in der Pfanne angerösteten Mandelblättchen bestreut servieren.

TIPP:

Dieses fruchtige Couscous schmeckt nicht nur als Dessert, sondern auch als Beilage zu den Kebap-Spießen (Rezept Seite 180), zu gegrilltem Lamm oder Huhn. Für diese Variante etwas mehr Salz, aber nur 1 Esslöffel Honig nehmen.

GRIESSBREI

Ein echter Klassiker, den die meisten von euch noch von früher kennen. Unterwegs ist er ein praktisches Blitzdessert, liefert schnell Energie und schmeckt köstlich.

2½ TASSEN MILCH (CA. 500 ML)
3 EL BRAUNER ZUCKER, ALTERNATIV HONIG ODER AGAVENDICKSAFT
5 EL GRIESS

Die Milch mit dem Zucker unter Rühren kurz aufkochen, dann den Grieß einrieseln lassen, dabei weiterrühren. Auf kleiner Flamme kurz kochen lassen, anschließend von der Hitzequelle nehmen und noch 5 Minuten quellen lassen. Gelegentlich umrühren.

TIPPS ZUM VERFEINERN:

- mit Zimt-Zucker-Mischung bestreuen (Erinnerung an glückliche Kindertage)
- 1 Löffelchen Nutella in den Brei rühren und mit Bananenscheiben belegen
- 1 Esslöffel Konfitüre nach Wahl als Topping
- mit Chai-Sirup (Rezept Seite 28) beträufeln und mit gehackten Nüssen bestreuen
- reichlich frische Erdbeeren dazu reichen

REISDESSERT AUF MANGO-MINZ-TATAR

1 DOSE KOKOSMILCH
½ TASSE WASSER
1 PRISE SALZ
1 TASSE MILCHREIS
2 EL BRAUNER ZUCKER ODER HONIG
2 EL KOKOSRASPELN
1 MANGO
1 STÄNGEL MINZE
1 LIMETTE

½ FEIN GERIEBENE TONKA-BOHNE ODER DAS MARK VON T½ VANILLESCHOTE NACH BELIEBEN

Kokosmilch, Wasser, Salz und Reis in einen Topf geben und kurz aufkochen. Anschließend unter gelegentlichem Rühren bei minimaler Hitze ca. 25 Minuten quellen lassen. Zucker und Kokosraspeln sowie die geriebene Tonkabohne oder das Vanillemark, falls verwendet, unterrühren und das Ganze abkühlen lassen.

Währenddessen die Mango schälen und fein würfeln. Minzeblättchen abzupfen und in feine Streifen schneiden, ein wenig zum Dekorieren beiseitestellen. Die Limette auspressen. Mango mit Minze und Limettensaft vermischen und kurz ziehen lassen. Das Tatar kreisförmig auf kleine Teller oder in Schalen geben und den Milchreis darauf anrichten. Mit Minze garniert servieren.

TIPP:
Ihr könnt den Reis auch in eine nasse Kelle oder nasse Tassen drücken und dann dekorativ auf das Tatar stürzen.

KAISERSCHMARRN

Hier habt ihr die Wahl, ob es königlich oder kaiserlich werden soll. Lecker ist der Schmarrn auf jeden Fall! Je nachdem wie viel Geschirr und Zeit ihr zur Verfügung habt, könnt ihr wahlweise kaiserlich die Eier trennen und das Eiweiß luftig aufschlagen oder einen einfachen königlichen Pfannenschmarrn rühren.

¾ TASSE MEHL
2 TASSEN MILCH
2–3 EIER
1 PÄCKCHEN VANILLEZUCKER, FALLS VORHANDEN
4 EL ZUCKER
ABGERIEBENE SCHALE VON ½ BIO-ORANGE ODER ZITRONE
4 EL RUM- ODER SOFTROSINEN
1 PRISE SALZ
1 EL NEUTRALES PFLANZENÖL, Z. B. SONNENBLUMENÖL
2 EL BUTTER
1 EL PUDERZUCKER

MANDELSPLITTER ODER GEHOBELTE NÜSSE NACH BELIEBEN

Die Eier trennen, das Mehl mit etwas Milch glatt rühren. So klumpt das Mehl nicht. Restliche Milch, Eigelb, Vanillezucker, 1 EL Zucker, Zitrusschale und Rosinen einrühren.

Eiweiß in einer zweiten Schüssel mit der Prise Salz und 1 EL Zucker steif schlagen. Das geht entweder mit etwas Einsatz mit einem Schneebesen oder mit einem mechanischen Handquirl. So einen habe ich von meiner Oma geerbt – ein geniales Campingbus-Utensil.

Jetzt den Eischnee vorsichtig unter den Teig heben und mit dem Öl und 1 EL Butter vorsichtig bei geringer Hitze backen. Wenn die untere Seite goldbraun ist, teilt den Teig in Viertel. Dabei ist es egal, ob er oben noch flüssig ist. Nun wendet die Viertel und backt die andere Seite. Jetzt wird es ernst: Zerreißt die Viertel mit zwei Holzlöffeln in mundgerechte Stücke, gebt die restliche Butter und den restlichen Zucker dazu und karamellisiert den Schmarrn bei mittlerer Hitze. Röstet am Schluss die Mandelsplitter mit und bestäubt den Kaiserschmarrn zum Anrichten mit etwas Puderzucker.

TIPP:
Dazu schmecken immer Preiselbeeren oder Zwetschgenröster, zu Hause unbedingt auch einmal Vanilleeis dazu probieren.

Für die ganz einfache, königliche **VARIANTE** rührt ihr aus den vorhandenen Zutaten einen Pfannenkuchenteig. Dazu rührt ihr das Mehl mit etwas Milch glatt, gebt dann die restliche Milch und die Eier komplett dazu. Alles andere funktioniert dann wie beim Kaiserschmarrn. Probiert auch mal Apfel- oder Birnenschmarrn. Dazu einfach das klein geschnittene Obst mit dem Teig zusammen backen.

EXPRESS-ERDBEERQUARK

250 G QUARK (20%)
3 EL MILCH
1 PÄCKCHEN VANILLEZUCKER ODER 2 EL SELBST GEMACHTER VANILLEZUCKER (SIEHE TIPP)
250 G FRISCHE ERDBEEREN
2 EL HONIG ODER BRAUNER ZUCKER

FRISCHE MINZEBLÄTTCHEN UND 1 EL ZITRONENSAFT NACH BELIEBEN

Den Quark mit Milch und Vanillezucker glatt rühren. Die Erdbeeren putzen, in Stücke schneiden und mit Honig oder Zucker süßen. Behutsam unter die Quarkmasse heben. Nach Belieben mit Minze und Zitronensaft verfeinern.

TIPP:

SELBST GEMACHTER VANILLEZUCKER

Wenn ihr zu Hause Vanilleschoten zum Kochen und Backen ausschabt, steckt die leeren Schoten in ein Schraubglas oder eine Dose voll Zucker. Je mehr Schoten dazukommen, umso intensiver der Vanillegeschmack. Je nach Verbrauch Zucker und Schoten nachfüllen und schütteln, ganz trockene Schoten entfernen.

PANCAKES MIT SOUR-CREAM-TOPPING

PANCAKES

1 TASSE MEHL
1 EL ZUCKER
½ PÄCKCHEN BACKPULVER
1 PRISE SALZ
1 EI
¾ TASSE MILCH
2 EL ÖL

ÖL ZUM AUSBACKEN

Zuerst die trockenen Zutaten Mehl, Zucker, Backpulver, Salz in einer Schüssel vermischen. Dann Ei, Milch, Öl in einer separaten Schüssel vermischen und über die Mehlmischung gießen. Alles zügig zu einem glatten Teig verrühren.

In einer Pfanne etwas Öl erhitzen und je 2 Esslöffel Teig in die Pfanne geben. Wenn die Unterseite der Pancakes leicht braun wird, wenden und kurz fertig braten.

TOPPING

½ BIO-ORANGE
1 BECHER SAURE SAHNE
1 EL HONIG, AGAVENDICKSAFT ODER AHORNSIRUP

Für das Topping die Schale der Orange fein abreiben und mit saurer Sahne und Honig verrühren. Zu den Pancakes reichen.

VARIANTE:

Statt mit saurer Sahne ganz klassisch nur mit (viel) Ahornsirup servieren.

TIPP:

Wenn ihr frische Blaubeeren bekommt, backt sie in die Pancakes ein. Das schmeckt nicht nur sensationell, sondern ist auch noch gesund.

SÜDTIROLER BEEREN-KRAPFERL

Diese „Krapferl" sind eine typische Südtiroler Mehlspeise und ein wirklich himmlisches Dessert. Sie werden so oder auch als flüssiger Teig (dann heißen sie „Strauben") auf Dorffesten in großen Fettwannen ausgebacken. Man kann den Duft dann schon in allen Gassen riechen und man wird euch auf dem Campingplatz garantiert darum beneiden.

- 200 G ALTBACKENES WEISSBROT ODER SEMMELN
- 500 ML MILCH
- 2 EIER
- 1½ TASSEN (150 G) MEHL
- 100 G HEIDELBEEREN UND/ODER JOHANNISBEEREN

- ÖL ZUM AUSBACKEN (Z. B. ERDNUSSÖL)
- PUDERZUCKER ZUM BESTREUEN

Das Brot grob in Stücke schneiden und in einem Topf mit der gut lauwarmen Milch mischen. 10 Minuten quellen lassen.

Die Eier in einer Rührschüssel verquirlen. Das Brot etwas ausdrücken und dazugeben. Das Mehl unterrühren und schließlich die Beeren zufügen. Vorsichtig zu einem gleichmäßigen Teig verarbeiten, ohne die Beeren komplett zu zerdrücken.

Einen Topf etwa zwei Finger hoch mit Öl füllen und erhitzen (Vorsicht, heiß und kann spritzen!). Den Teig löffelweise darin goldbraun ausbacken. Die goldbraunen Krapfen auf Küchenpapier legen, um überschüssiges Öl aufzusaugen.

Mit reichlich Puderzucker bestäuben und noch warm genießen.

VARIANTE:

Probiert unbedingt auch einmal Stücke von Steinobst oder grob geschnittene Hollerblüten in den Krapfen!

KLETTERN

DIE VERTIKALE DIMENSION

Klettern – das große Gefühl der Freiheit, echt und unverfälscht. Bewegungsmeditation in einer surrealen, vertikalen Welt zwischen Himmel und Erde. In einer regelbestimmten, sicheren Alltagsrealität bieten große Klettertouren immer noch viel Raum für eigene, konsequenz-behaftete Entscheidungen. Die Vertikale als Rückzugsort, in der die Zeit stillzustehen scheint. Die Konzentration auf das absolute Hier und Jetzt ist es wohl auch, was die meisten Kletterer so fasziniert. Doch zwischen dem ganz großen Abenteuer in langen Alpin-Touren und ersten Gehversuchen am Fels gibt es mittlerweile glücklicherweise genügend Raum für alle Niveaustufen. Heute könnt ihr überall in den zahlreichen Kletterhallen die Kletter- und Seiltechniken sowie das Sichern, Vorsteigen und Stürzen in lockerer Atmosphäre erlernen.

MARKUS BENDLER

Ebenfalls in entspannter Stimmung treffe ich mich an einem heißen Sommertag mit dem dreifachen Eiskletter-Weltmeister Markus Bendler in Tirol zum Sportklettern. Der sympathische und bescheidene Tiroler ist Anfang 30 und klettert bereits seit gut 20 Jahren. Im Alter von nur 15 Jahren hat er damals als weltweit jüngster Kletterer den oberen 10ten Schwierigkeitsgrad am Fels bezwungen. Ein echter Meilenstein der Klettergeschichte! Seine Eiskletter-Expeditionen haben ihn später unter anderem nach Island und Japan geführt, wo er mit extrem schwierigen Erstbegehungen für Aufsehen sorgte. In den Wettkämpfen war er lange Jahre immer ganz vorne dabei und konnte sich neben vielen anderen Siegen drei Weltmeister-Titel erkämpfen. Nun ist Markus Soul-Mover, er klettert wieder nur für sich. Von den Wettkämpfen hat er sich fürs Erste zurückgezogen und betreibt aktuell mit viel Herzblut ein eigenes Bergsportgeschäft unweit von Kitzbühel. Wenn ihr mal in der Ecke seid, besucht ihn in seinem „RocknRoll Mountain Store". Individuelle Beratung, top Ausrüstung und unterhaltsame Geschichten werden garantiert.
Lustige Erlebnisse hat Markus viele zu erzählen. Die Touren, in die er einsteigt, sind mir eher zu schwer, und so bekommt auch er etwas zu lachen. Egal: Was zählt, ist das Draußensein.
Und natürlich wollte ich auch mehr über das Outdoor-Leben von Markus erfahren...

EISKLETTERN IST JA SEHR ATHLETISCH UND SEHR TRAININGSINTENSIV. WIE VIELE TAGE IM JAHR HAST DU ZU DEINER WETTKAMPF-ZEIT AN FELS UND IM EIS VERBRACHT?
Während meiner Wettkampf-Phase war ich im Durchschnitt an 5 Tagen pro Woche klettern - manchmal habe ich auch zweimal pro Tag trainiert.

WENN DU ZU EINER LÄNGEREN EXPEDITION AUFGEBROCHEN BIST, WAS MUSSTE NEBEN DER AUSRÜSTUNG IMMER NOCH MIT INS GEPÄCK?
Egal ob Expedition oder Wettkampfreise - ich hatte immer Käse, Wurst (meist Landjäger, Speck und Kaminwurzen), Brot, Senf und Kren (Meerrettich) mit dabei. Somit war das Überleben als kleiner Tiroler in der großen weiten Welt gesichert!

WAS WAR DEIN LUSTIGSTER MOMENT IN DEN BERGEN?
Wenn ich mit meinen Freunden unterwegs bin, ist es eigentlich immer sehr lustig. Schwierig also, einen einzigen Moment zu beschreiben... Abhängig von der Tagesverfassung verwenden wir oft Dialekte, die wir uns über Jahre angeeignet haben. So verbringen wir oft Tage als Zillertaler, Ötztaler, Südtiroler, Schweizer, Franken oder als Schwaben. Es kann schon mal vorkommen, dass mich Leute fragen, aus welchem Teil Frankens ich denn komme.

UND NUN ZUM UNLUSTIGEN... WARST DU DRAUSSEN AM BERG SCHON MAL IN EINER HEIKLEN SITUATION, IN DER DANN DOCH NOCH ALLES GUT GEGANGEN IST? HAT DIESE DICH SPÄTER BEEINFLUSST?
Einer meiner Seilpartner und Freunde machte beim Zusammenknoten zweier Seile einen Flüchtigkeitsfehler und wäre um ein Haar vor mir abgestürzt - glücklicherweise bemerkte ich einen Augenblick vor der Katastrophe den Fehler und hielt meinen Freund mitsamt dem Seil fest. Seither betrachte ich jeden Knoten zweimal.

UND ABSCHLIESSEND NATÜRLICH NOCH: WAS IST DEIN POWER-FOOD AM FELS UND IM EIS? UND WAS IST DEIN LIEBLINGSGERICHT, UM ZU HAUSE DEINEN AKKU ZU LADEN?
Beim Klettern ernähre ich mich eher ungesund - Schinkenbrot, Müsliriegel, Snickers, Wasser und ab und zu Cola. Zuhause koche ich meistens Spaghetti Carbonara oder Steak mit Kartoffeln und Salat. Im Sommer grillen wir auch regelmäßig.

REFRESH

DURSTLÖSCHER UND WACHMACHER

Ein langer Tag draußen macht durstig. Gerade nach dem Sport ist es wichtig, viel zu trinken. Füllt euren Flüssigkeitshaushalt und die verlorenen Elektrolyte auf, das macht schnell wieder fit und beugt Krämpfen vor. Perfekt ist hier der "Wadlviererichter" (aus dem Bayerischen, was frei übersetzt soviel wie Waden-wieder-gerade-richten, also einen wieder aufrichten, bedeutet). Aber nicht nur nach dem Sport braucht man das richtige Getränk, sondern natürlich auch, wenn die Sonne hinter den Bergen verschwindet oder das Meer im letzten Abendlicht kitschig rot erglüht! Hier kommen die richtigen Erfrischungen, Wachmacher und Sundowner für alle Gelegenheiten. Genießt sie – prost!

CAMPING-KAFFEE

Camping ohne Kaffee? Nicht ohne Not. Für die meisten ist Kaffee ein Genussmittel, das auch unterwegs kaum wegzudenken ist. Egal, ob italienisch als Cappuccino oder im Wildwest-Style in der Emaillekanne auf dem Lagerfeuer, Kaffee macht Camper glücklich.

Damit das auch immer klappt, stelle ich Euch hier die möglichen Kannen und Zubereitungsarten für Euren Lieblingskaffee vor.

FILTER-KANNE

Nicht nur für Retro-Fans. Auch in den hippen Coffee-Bars Skandinaviens ist die Filter-Kanne zurückgekehrt. Auf eine fast beliebige Kanne wird ein Filteraufsatz mit Papierfilter gestellt. Pulverkaffee wird darin mit siedend heißem Wasser aufgegossen, bis die gewünschte Menge Kaffee in der Kanne ist. Zuerst nur einen Schluck Wasser ca. 30 Sekunden ziehen lassen, dann den Rest aufgießen. Als Faustregel für das Pulver gilt: 1 gehäuften Teelöffel pro Tasse Wasser.

PERKOLATOR-KANNE

Viele kennen sie einfach auch als „Perkomax" (basierend auf dem Herstellernamen). Diese emaillierte Kanne ist für offenes Feuer genauso geeignet wie für den heimischen Herd. Im Inneren hat sie einen Einsatz für das Kaffeepulver an einer Stange montiert. Der Kaffee wird beim Erhitzen der Kanne automatisch überbrüht. Perfekt für Lagerfeuerromantiker!

MOCCA-KANNE

Die wohl älteste Zubereitungsform von Kaffee weltweit. Stark, schwarz und mit arabischer Note. Am besten spezielles Mokkapulver (ca. 1 Esslöffel für eine kleine Tasse) mit 1 Teelöffel Zucker und kaltem Wasser verrühren und langsam erhitzen, bis die Mischung aufkocht. Kurz von der Hitze nehmen, immer wieder umrühren und noch ein zweites Mal kurz aufkochen. Dann in kleine Tassen geben und das Pulver kurz setzen lassen. Schwarz genießen. Nicht bis zum Satz austrinken!

SCHRAUB-KANNE

Egal ob von Bialetti oder einem anderen Hersteller, auch sie macht nach dem Perkolator-Prinzip immer einen guten Espresso.
Es gibt Modelle aus Aluminium oder Edelstahl. Ich bevorzuge Edelstahl und würde euch diese auch empfehlen. Eine Aluminiumkanne sollte man nur mit Wasser ausspülen und nie in die Spülmaschine geben.
Gemahlenen Espresso bis kurz unter den Rand des Siebs einfüllen, ohne ihn festzudrücken! Wasser bis zum unteren Rand des Überlaufventils hineingießen, zusammenschrauben und losblubbern lassen. Achtet darauf, dass der Dichtungsring im Oberteil sitzt und nicht beschädigt ist!

Wenn Platz ist, noch eine kleine Aufschäumkanne für Milch einpacken, so könnt ihr euren perfekten Travel-Cappuccino oder Latte Macchiato genießen, wo und wann ihr wollt.

PRESSSTEMPEL-KANNE

Bei vielen Herstellern bestehen die Kannen aus Glas (z. B. Bodum), deshalb würde ich diese nicht unbedingt zum Campen mitnehmen.
Habt ihr ein solideres Modell aus Metall (z. B. KitchenAid), dann ab damit in den Bus. Das Kaffeepulver wird hier, wie beim Mokka, lose und ohne Filter in die Kanne gefüllt und mit heißem Wasser aufgegossen. Ca. 4 Esslöffel Kaffeepulver auf 0,5 Liter Wasser geben.
Nach einer Ziehzeit von 3-4 Minuten den Stempel nach unten drücken und den Kaffee genießen.

Maloja

CHAI LATTE

2 TASSEN MILCH
6 EL CHAI-SIRUP
(REZEPT SEITE 28)

Die Milch vorsichtig erwärmen, bis ihr gerade noch den Finger hineinhalten könnt. Sie darf nicht kochen! Jetzt mit einem Schneebesen, Milchaufschäumer-Quirl oder -Topf schön luftig aufschäumen. In zwei Becher oder hohe Gläser je 3 EL Chai-Sirup geben und mit dem Milchschaum aufgießen.

Wenn ihr es etwas kräftiger mögt, könnt ihr noch je einen Espresso dazugießen.

WADLVIERERICHTER

Hinweis für Nicht-Eingeweihte: „die Wadln viere richtn" ist bayerisch und bedeutet so viel wie „wieder fit machen".

20 ML LIMETTENSIRUP
20 ML ZITRONENSAFT
60 ML MARACUJASAFT
½ L ALKOHOLFREIES WEISSBIER

Sirup und Säfte verrühren und in einem Krug mit dem Weißbier aufgießen.

TIPP:
Wer keinen Limettensirup hat, rührt ½ TL braunen Zucker in ein Schnapsglas Limettensaft.

INGWERBIER

100 ML INGWERSIRUP
(REZEPT SEITE 28)
700 ML MINERALWASSER
MIT KOHLENSÄURE
4 SCHEIBEN BIO-ZITRONE

Eiswürfel, falls verfügbar, in vier Gläser geben und Sirup mit Wasser aufgießen. Mit Zitrone garnieren.

VARIANTE

INGWERBIER

700 ML WASSER
4 EL BRAUNER ZUCKER
1 DAUMENGROSSES STÜCK INGWER
1 BIO-ZITRONE
1 BIO-ORANGE
¼ TL TROCKENHEFE

Wasser und Zucker aufkochen. Den Ingwer hineinreiben. Die Zitrusfrüchte heiß abwaschen. Von der Orange die Schale abreiben und zugeben, Zitrone und Orange auspressen und ebenfalls zugeben. Auf lauwarm abkühlen lassen, dann die Hefe einrühren.

In eine 1-l-Flasche füllen, aber nicht verschließen. Ca. 2 Tage bei Zimmertemperatur gären lassen, dann abseihen, kühl stellen und genießen.

0,5 l
rastal

BUS-BOWLE

Ein wunderbar erfrischender, fruchtiger Drink für laue Sommerabende. Barfuß am Strand, auf der Picknickdecke im hohen Gras mit entspannter Musik oder einfach vor dem Bus genießen.

4 WEICHE NEKTARINEN, ALTERNATIV 1 SCHALE HIMBEEREN
¼ KLEINE WASSERMELONE
2 EL BRAUNER ZUCKER
1 GLAS ORANGENSAFT
1 FLASCHE LEICHTER UND MÖGLICHST KALTER ROSÉ

Die Nektarinen waschen und würfeln, die Wassermelone (möglichst ohne Kerne) ebenfalls würfeln, dann beides mit Zucker und Orangensaft vermischt ziehen lassen. Kurz vor dem Servieren den kalten Wein aufgießen.

VIRGIN MOJITO

2 BIO-LIMETTEN
2 STÄNGEL FRISCHE MINZE
2 TL BRAUNER ZUCKER
1 DOSE GINGER ALE (330 ML)
2 TL HOLUNDERBLÜTENSIRUP (REZEPT SEITE 28)

CRUSHED ICE FALLS VORHANDEN

Die Limetten waschen, kurz mit leichtem Druck über das Schneidebrett rollen (das bringt mehr Saft), dann in Achtel schneiden. Die Minzeblättchen abzupfen und mit den Limettenstücken auf zwei große Gläser aufteilen. Den Zucker zugeben und die Mischung z. B. mit dem Stiel eines Kochlöffels fest quetschen und rühren. Sirup und Eis, falls vorhanden, zugeben und mit Ginger Ale aufgießen. Nochmals umrühren und stilecht mit einem Strohhalm trinken.

LIMONADE

Selbst gemachte Limonaden liegen voll im Trend, und das nicht ohne Grund. Schnell sind die fruchtig-erfrischenden Durstlöscher selbst gemacht, kommen ohne schwer zu beschaffende Zutaten aus und machen trotzdem immer viel her.

GREEN APPLE LEMONADE

- 1 KLEINER GRÜNER APFEL
- 2 BIO-LIMETTEN
- 4 ZWEIGE ZITRONENMELISSE, ALTERNATIV MINZE
- 1 FLASCHE TONIC WATER (0,75–1 L)
- EISWÜRFEL, FALLS VERFÜGBAR

Den gewaschenen Apfel entkernen und in dünne Scheiben schneiden. Die Limetten waschen und halbieren. Eine halbe Limette in dünne Scheiben schneiden, den Rest auspressen. Melissenblättchen von den Stängeln zupfen. Alle Zutaten in einem Glaskrug mischen und servieren – möglichst mit Eis.

ERFRISCHENDER EISTEE

FÜR 1 LITER:
1 L WASSER
2 BEUTEL SCHWARZTEE
(Z. B. DARJEELING)
3 STÄNGEL FRISCHE MINZE
1½ BIO-ZITRONEN
6–8 EL HOLUNDERBLÜTENSIRUP
(REZEPT SEITE 28)

EISWÜRFEL NACH BELIEBEN

Das Wasser aufkochen und in einer Kanne die Teebeutel und die Minze damit übergießen. 3 Minuten ziehen lassen. Die Teebeutel entfernen. Eine Zitrone auspressen und den Saft sowie den Sirup zum Tee geben. Die verbliebene halbe Zitrone in Scheiben schneiden und zugeben. Das Ganze abkühlen lassen und mit reichlich Eiswürfeln servieren.

Habt ihr gerade keinen Sirup, süßt den Tee alternativ mit 4–6 TL braunem Zucker. Habt ihr keine frische Minze, könnt ihr auch einen Beutel Pfefferminztee verwenden.

Der Tee schmeckt auch lauwarm wunderbar erfrischend!

TIPP:
Falls ihr den Tee schon zu Hause zubereiten wollt, entfernt mit den Teebeuteln auch die Minze. Füllt den Tee nach dem Abkühlen in PET-Flaschen (aber nur zu drei Vierteln) und friert diese ein. So habt ihr prima Cool-Packs für die Kühltasche und später einen kalten Tee. Zum Servieren einfach noch ein paar Zitronenscheiben zugeben.

PINK GRAPEFRUIT LEMONADE

2 GLÄSER FRISCH GEPRESSTER GRAPEFRUITSAFT
½ GLAS FRISCH GEPRESSTER ZITRONENSAFT
3 EL BRAUNER ZUCKER
2 GLÄSER MINERALWASSER MIT KOHLENSÄURE
BIO-LIMETTEN- ODER ZITRONENSCHEIBEN ZUM DEKORIEREN
EISWÜRFEL, FALLS VERFÜGBAR

Den Zucker in den Säften auflösen und mit Mineralwasser aufgießen, umrühren und mit Zitronenscheiben dekoriert servieren – möglichst mit Eis.

MALOJA

APFELPUNSCH

1 BIO-ZITRONE
1 DAUMENGROSSES STÜCK INGWERWURZEL
2 GEWÜRZNELKEN
½ L APFELSAFT
1 TL BRAUNER ZUCKER
1 ZIMTSTANGE ODER
¼ TL ZIMTPULVER
MARK VON ½ VANILLESCHOTE
NACH BELIEBEN

Die Zitrone heiß abwaschen und die Schale mit einem Sparschäler oder Zestenreißer dünn abschneiden, die Zitrone durchschneiden und eine Hälfte auspressen. Den Ingwer schälen und hacken, die Nelken grob zerdrücken.

Zitronenschale, Saft, Zucker und Gewürze langsam erwärmen und rühren, bis der Zucker sich gelöst hat. Den Zitronensaft einrühren. Den Punsch durch ein feines Sieb gießen und heiß servieren.

TIPP:
Wer den Punsch aufpeppen möchte, gibt zusätzlich etwas Amaretto oder Calvados dazu.

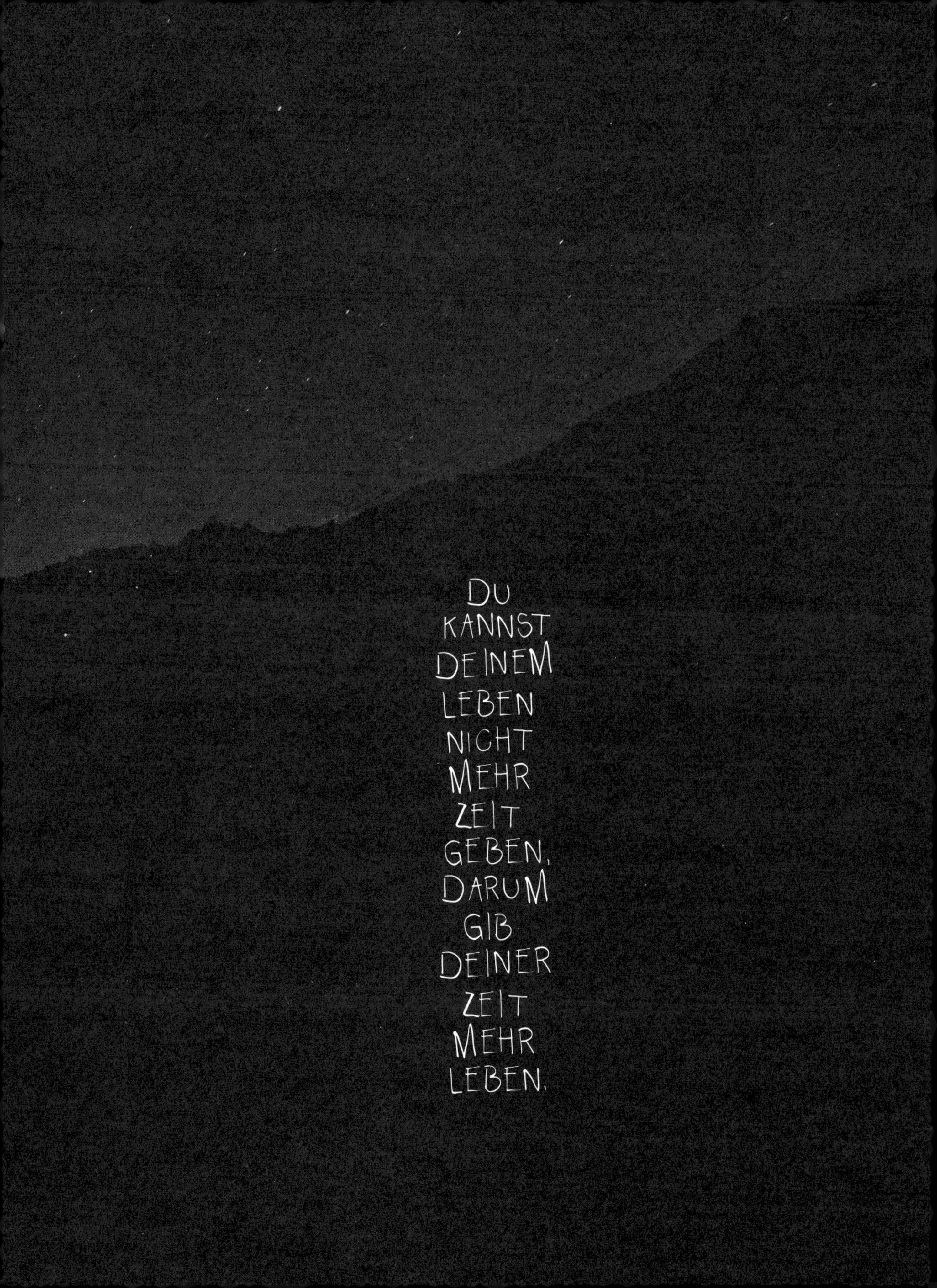
DU
KANNST
DEINEM
LEBEN
NICHT
MEHR
ZEIT
GEBEN,
DARUM
GIB
DEINER
ZEIT
MEHR
LEBEN.

REZEPTINDEX

AT HOME

Aprikose-Kokos-Balls 41
Bärlauch-Pesto 27
Burger Buns 25
Chai-Sirup 28
Erdbeer-Rhabarber-Konfitüre 31
Feige-Nuss-Balls 40
Frühstücksbrei 34
Hollerblütensirup 28
Ingwersirup 28
Karamellisierter Zwetschgenröster 31
Kürbis-Cookies 36
Pesto Genovese 27
Pesto Rosso 27
Pesto-Grundrezept 26
Rhabarbersirup 28
Rote-Bete-Pesto 27
The Berry Booster 35
The Funky Fruit 35
The Macadamia Monster 39
The Monkey Munch 38
The Power Push 39
The Trail Bar 37
Tiroler Nusskuchen im Glas 32

WAKE-UPCALL

4-Minuten-Tee-Eier 51
Anden-Frühstück mit Quinoa 49
Das Super-Spiegelei 50
Herzhafte Pancakes mit Hüttenkäsefüllung 62
Legal Doping - das Supermüsli 46
Milchreis 48
Morning Munch - das Mega-Sandwich 61
Overnight Oats 47
Porridge mit Banane 47
Power-Frittata mit Haferflocken 60
Western-Frühstück 56

QUICK REFUEL

Avocado-Dip 87
Bruschette 81
Caesar Salad 76
Club Wrap 91
Crostini 81
Falafel 84
Funky Tuna Sandwich 90
Hummus 86
Joghurt-Zitronen-Dip 87
Orangen-Fenchel-Salat mit Feta 77
Panzanella 75
Quesadilla Goat Gulp 96
Quesadilla Greek Geek 96
Quinoasalat 78
Spanische Tortilla 97
Superschnelle Spaghetti Carbonara 94
Tabouleh 79
Thunfisch-Dip 87
Tiroler Hüttengröstl 99
Tomatensalat perfekt 80
Turbo-Carbonara mit Avocado 94

DINE IN

Arabischer Tomaten-Gurken-Salat 114
Ceviche 119
Deftiger Linseneintopf mit Speck und Kartoffeln 121
Eintopf mit weißen Bohnen und Salsiccia 120
Kichererbsen-Curry 129
Mango Explosion 130
Mie-Goreng 133
Minestrone 135
Orientalische Hirsepfanne mit Gemüse 144
Penne Tonno mit Oliven 116
Pilz-Polenta 139
Portugiesischer Fischeintopf 125
Risotto 138
Rotwein-Polenta 139
Safran-Polenta 139
Schnelle Ratatouille 134
Spaghetti Bolognese Bäm! 117
Spinat-Käse-Knödel 140
Süße Polenta 139
Thai-Curry mit Reis 128
Trüffelpolenta 139

DINE OUT

Adana Kebap 180
Antipasti-Gemüse 160
Bacon-Cheeseburger 166
Big-Italian-Burger 169
Big-Kahuna-Burger 169
Dorschfilets mit Haferflockenpanade 175
Feuertonnen-Kasfondue 178
Fladenbrot vom Stein 180
Folienkartoffeln mit Kräuterquark 185
Ganzer Fisch vom Grill 192
Gebratene Süßkartoffel mit Spargel 183
Gemüse-Feta-Päckchen 185
Hähnchen-Satay 180
Lamm-Schawarma 182
Mediterraner Hähnchenschmortopf 187
Ossobuco mit Gremolata 198
Popcorn 204
Saltimbocca 194
Steckerlfisch 203
Stockbrot 200
Tagliata 172
Veggie-Burger 169

SWEET LOVE

Bratapfel mit Dörrobstfüllung 215
Camping-Tiramisu 219
Express-Erdbeerquark 229
Gegrillte Pfirsiche mit Rosmarin & Honig 215
Gegrillte Schokobananen 215

Grießbrei 222
Kaiserschmarrn 225
Pancakes mit Sourcream-Topping 229
Pfirsichpäckchen mit Amarettini-Füllung 215
Reisdessert auf Mango-Minz-Tatar 223
Schichtdessert mit Cantuccini 221
Südtiroler Beeren-Krapferl 231
Sweet Couscous mit getrockneten Aprikosen 222

REFRESH

Apfelpunsch 259
Bus-Bowle 251
Chai Latte 247
Erfrischender Eistee 255
Green Apple Lemonade 252
Ingwerbier 248
Pink Grapefruit Lemonade 255
Virgin Mojito 251
Wadlviererichter 248

SONSTIGES

Always on board - die besten Packlisten für eure Tour 18
Bouldern - Die kreative Bewegungsfreiheit 64
Brotzeit at its best 89
Camping-Kaffees 245
Dutch Oven 189
Fisch filetieren 176
Frischen Fisch erkennen 193
Klettern - Die vertikale Dimension 233
Light my fire - Tipps rund ums Lagerfeuer 158
Mountainbiken - Der pure Flow 147
Rauszeit - warum es uns nach draußen zieht 6
Traumberg Alpamayo - Tagebuchauszug meiner Peru-Expedition 50
Wandern - Die entspannende Rauszeit- Meditation 103
Zwiebel schneiden - so geht's richtig! 83

REZEPTREGISTER

4-Minuten-Tee-Eier 51

Adana Kebap 180
Amarettini
 Pfirsichpäckchen mit
 Amarettini-Füllung 215
Anden-Frühstück mit Quinoa 49
Antipasti-Gemüse 160
Apfel
 Apfelpunsch 259
 Bratapfel mit
 Dörrobstfüllung 215
 Green Apple Lemonade 252
Aprikosen
 Aprikose-Kokos-Balls 41
 Sweet Couscous mit
 getrockneten Aprikosen 222
Arabischer Tomaten-
Gurken-Salat 114
Avocado
 Avocado-Dip 87
 Caesar Salad 76
 Morning Munch 61
 Turbo-Carbonara mit
 Avocado 94

Bacon
 Bacon-Cheeseburger 166
 Western-Frühstück 56
Baked Beans
 Western-Frühstück 56
Balls
 Aprikose-Kokos-Balls 41
 Feige-Nuss-Balls 40
Banane
 Gegrillte Schokobananen 215
 Porridge mit Banane 47
Bärlauch-Pesto 27
Beeren
 Express-Erdbeerquark 229
 Südtiroler Beeren-Krapferl 231
Big Italian-Burger 169
Big Kahuna-Burger 169
Bohnen
 Eintopf mit weißen Bohnen
 und Salsiccia 120
Bratapfel mit
 Dörrobstfüllung 215
Brei
 Frühstücksbrei 34
Brot
 Brotzeit 89
 Bruschette 81
 Crostini 81
 Funky Tuna Sandwich 90
 Morning Munch 61
 Panzanella 75
Bruschette 81
Burger
 Burger Buns 25
 Bacon-Cheeseburger 166
 Big Italian 169
 Big Kahuna 169
 Veggie 169
Bus-Bowle 251

Caesar Salad 76
Camping-Tiramisu 219
Cantuccini
 Schichtdessert mit
 Cantuccini 221
Carbonara
 Superschnelle Spaghetti
 Carbonara 94
 Turbo-Carbonara mit Avocado 94
Ceviche 119
Chai Latte 247
Chai-Sirup 28
Cheeseburger 166
Club Wrap 91
Cocktail
 Virgin Mojito 251
Cookies
 Kürbis-Cookies 36
Couscous
 Sweet Couscous mit
 getrockneten Aprikosen 222
Crostini 81
Curry
 Kichererbsen-Curry 129
 Thai-Curry mit Reis 128
Das Super-Spiegelei 50
Deftiger Linseneintopf mit
 Speck und Kartoffeln 121
Dips
 Avocado-Dip 87
 Hummus 86
 Joghurt-Zitronen-Dip 87
 Thunfisch-Dip 87
Dörrobst
 Bratapfel mit
 Dörrobstfüllung 215
Dorschfilets mit Hafer-
 flockenpanade 175

Ei
 4-Minuten-Tee-Eier 51
 Das Super-Spiegelei 50
 Spanische Tortilla 97
 Superschnelle Spaghetti
Carbonara 94
 Tiroler Hüttengröstl 99
 Turbo-Carbonara mit Avocado 94
 Western-Frühstück 56
Eintopf
 Eintopf mit weißen Bohnen
 und Salsiccia 120
 Deftiger Linseneintopf mit
 Speck und Kartoffeln 121
 Minestrone 135
 Portugiesischer Fisch-
 eintopf 125
Eistee
 Erfrischender Eistee 255
Erdbeeren
 Erdbeer-Rhabarber-Konfitüre 31
 Express-Erdbeerquark 229
Erfrischender Eistee 255
Express-Erdbeerquark 229

Falafel 84
 Veggie-Burger 169
Feige-Nuss-Balls 40
Fenchel
 Orangen-Fenchel-Salat
 mit Feta 77

Feta
Gemüse-Feta-Päckchen 185
Orangen-Fenchel-Salat
mit Feta 77
Feuertonnen-Kasfondue 178
Fisch
Ceviche 119
Dorschfilets mit Hafer-
flockenpanade 175
Ganzer Fisch vom Grill 192
Portugiesischer Fisch-
eintopf 125
Steckerlfisch 203
Fladenbrot vom Stein 180
Folienkartoffeln mit
Kräuterquark 185
Frittata
Power-Frittata mit
Haferflocken 60
Frühstückbrei 34
Funky Tuna Sandwich 90

Ganzer Fisch vom Grill 192
Gebratene Süßkartoffel
mit Spargel 183
Gegrillte Pfirsiche mit
Rosmarin & Honig 215
Gegrillte Schokobananen 215
Gemüse
Antipasti-Gemüse 160
Gemüse-Feta-Päckchen 185
Orientalische Hirsepfanne
mit Gemüse 144
Grapefruit
Pink Grapefruit Lemonade 255
Green Apple Lemonade 252
Gremolata
Ossobuco mit Gremolata 198
Grießbrei 222
Gurken
Arabischer Tomaten-
Gurken-Salat 114

Hackfleisch
Adana Kebap 180
siehe Rinderhack

Haferflocken
Dorschfilets mit Hafer-
flockenpanade 175
Power-Frittata mit Hafer-
flocken 60
Hähnchen
Caesar Salad 76
Club Wrap 91
Hähnchen-Satay 180
Mediterraner Hähnchen-
schmortopf 187
Thai-Curry mit Reis 128
Herzhafte Pancakes mit
Hüttenkäsefüllung 62
Himbeeren
Bus-Bowle 251
Hirse
Orientalische Hirsepfanne
mit Gemüse 144
Holunder
Hollerblütensirup 28
Hummus 86
Hüttenkäse
Herzhafte Pancakes mit
Hüttenkäsefüllung 62

Ingwer
Ingwerbier 248
Ingwersirup 28

Joghurt-Zitronen-Dip 87

Kaiserschmarrn 225
Kalb
Ossobuco mit Gremolata 198
Saltimbocca 194
Karamellisierter Zwetschgen-
röster 31
Kartoffel
Deftiger Linseneintopf
mit Speck und Kartoffeln 121
Folienkartoffeln mit
Kräuterquark 185
Spanische Tortilla 97
Tiroler Hüttengröstl 99

Käse
Feuertonnen-Kasfondue 178
Spinat-Käse-Knödel 140
Kekse
Kürbis-Cookies 36
Kichererbsen
Falafel 84
Hummus 86
Kichererbsen-Curry 129
Knödel
Spinat-Käse-Knödel 140
Kokos
Aprikose-Kokos-Balls 41
Kokosmilch
Thai-Curry mit Reis 128
Krapferl
Südtiroler Beeren-Krapferl 231
Kräuterquark
Folienkartoffeln mit
Kräuterquark 185
Kuchen
Tiroler Nusskuchen im Glas 32
Kürbis-Cookies 36

Lamm-Schawarma 182
Legal Doping -
das Supermüsli 46
Limetten
Ceviche 119
Limonade
Green Apple Lemonade 252
Pink Grapefruit Lemonade 255
Linsen
Deftiger Linseneintopf
mit Speck und Kartoffeln 121

Mango Explosion 130
Mango
Reisdessert auf Mango-
Minz-Tatar 223
Mediterraner Hähnchen-
schmortopf 187
Mie-Goreng 133
Milchreis 48
Minestrone 135
Minze

Reisdessert auf Mango-
Minz-Tatar 223
Morning Munch 61
Müsli
Legal Doping -
das Supermüsli 46
Müslimix
The Berry Booster 35
The Funky Fruit 35
Müsliriegel
The Trail Bar 37

Nektarinen
Bus-Bowle 251
Nüsse
Feige-Nuss-Balls 40
Tiroler Nusskuchen im Glas 32

Oatmeal
Frühstücksbrei 34
Overnight Oats 47
Oliven
Penne Tonno mit Oliven 116
Orangen-Fenchel-Salat
mit Feta 77
Orientalische Hirsepfanne
mit Gemüse 144
Ossobuco mit Gremolata 198
Overnight Oats 47

Pancakes
Herzhafte Pancakes mit
Hüttenkäsefüllung 62
Pancakes mit Sourcream-
Topping 229
Panzanella 75
Pasta
Penne Tonno mit Oliven 116
Spaghetti Bolognese BÄM! 117
Superschnelle Spaghetti
Carbonara 94
Turbo-Carbonara mit Avocado 94
Penne Tonno mit Oliven 116
Pesto
Bärlauch-Pesto 27
Grundrezept 26
Pesto Genovese 27
Pesto Rosso 27
Rote-Bete-Pesto 27
Pfirsiche
Gegrillte Pfirsiche mit
Rosmarin & Honig 215
Pfirsichpäckchen mit
Amarettini-Füllung 215
Pilz-Polenta 139
Pink Grapefruit Lemonade 255
Polenta
Pilz-Polenta 139
Rotwein-Polenta 139
Safran-Polenta 139
Süße Polenta 139
Trüffelpolenta 139
Popcorn 204
Porridge mit Banane 47
Portugiesischer Fisch-
eintopf 125
Power Balls
Aprikose-Kokos-Balls 41
Feige-Nuss-Balls 40
Power-Frittata mit Hafer-
flocken 60
Punsch
Apfelpunsch 259

Quark
Express-Erdbeerquark 229
Folienkartoffeln mit
Kräuterquark 185
Quesadilla
Goat Gulp 96
Greek Geek 96
Quinoa
Anden-Frühstück mit Quinoa 49
Quinoasalat 78

Ratatouille 134
Reis
Mango Explosion 130
Milchreis 48
Reisdessert auf Mango-
Minz-Tatar 223
Thai-Curry mit Reis 128
Rhabarber
Erdbeer-Rhabarber-
Konfitüre 31
Rhabarbersirup 28
Rind
Ossobuco mit Gremolata 198
Tagliata 172
Rinderhack
Bacon-Cheeseburger 166
Big-Italian-Burger 169
Big-Kahuna-Burger 169
Spaghetti Bolognese Bäm! 117
Risotto 138
Rosé
Bus-Bowle 251
Rote Bete
Rote-Bete-Pesto 27
Rotwein-Polenta 139

Safran-Polenta 139
Salat
Arabischer Tomaten-
Gurken-Salat 114
Caesar Salad 76
Mango Explosion 130
Orangen-Fenchel-Salat
mit Feta 77
Panzanella 75
Quinoasalat 78
Tabouleh 79
Tomatensalat perfekt 80
Salsiccia
Eintopf mit weißen Bohnen
und Salsiccia 120
Saltimbocca 194
Sandwich
Funky Tuna Sandwich 90
Morning Munch 61
Schichtdessert mit
Cantuccini 221
Schmortopf
Mediterraner Hähnchen-
schmortopf 187
Schnelle Ratatouille 134
Schnitzel
Saltimbocca 194

Schoko
Gegrillte Schokobananen 215
Sirup
Chai-Sirup 28
Erfrischender Eistee 255
Hollerblütensirup 28
Ingwerbier 248
Ingwersirup 28
Rhabarbersirup 28
Wadlviererichter 248
Spaghetti
Spaghetti Bolognese Bäm! 117
Superschnelle Spaghetti Carbonara 94
Turbo-Carbonara mit Avocado 94
Spanische Tortilla 97
Spargel
Gebratene Süßkartoffel mit Spargel 183
Speck
Bacon-Cheeseburger 166
Deftiger Linseneintopf mit Speck und Kartoffeln 121
Tiroler Hüttengröstl 99
Spieße
Adana Kebap 180
Hähnchen-Satay 180
Spinat-Käse-Knödel 140
Steak
Tagliata 172
Steckerlfisch 203
Stockbrot 200
Südtiroler Beeren-Krapferl 231
Superschnelle Spaghetti Carbonara 94
Süße Polenta 139
Süßkartoffel
Gebratene Süßkartoffel mit Spargel 183
Western-Frühstück 56
Sweet Couscous mit getrockneten Aprikosen 222

Tabouleh 79
Tagliata 172
Tee
4-Minuten-Tee-Eier 51
Erfrischender Eistee 255
Thai-Curry mit Reis 128
The Berry Booster 35
The Funky Fruit 35
The Macadamia Monster 39
The Monkey Munch 38
The Power Push 39
The Trail Bar 37
Thunfisch
Funky Tuna Sandwich 90
Penne Tonno mit Oliven 116
Thunfisch-Dip 87
Tiramisu
Camping-Tiramisu 219
Tiroler Hüttengröstl 99
Tiroler Nusskuchen im Glas 32
Tomate
Arabischer Tomaten-Gurken-Salat 114
Morning Munch 61
Panzanella 75
Tomatensalat perfekt 80
Tortilla
Spanische Tortilla 97
Tortilla-Fladen
Club Wrap 91
Quesadilla Goat Gulp 96
Quesadilla Greek Geek 96
Trail-Mix
The Macadamia Monster 39
The Monkey Munch 38
The Power Push 39
Trüffelpolenta 139
Turbo-Carbonara mit Avocado 94

Veggie-Burger 169
Virgin Mojito 251

Wadlviererichter 248
Wassermelone Bus-Bowle 251
Western-Frühstück 56
Wrap
Club Wrap 91

Zitrone
Joghurt-Zitronen-Dip 87
Zwetschgen
Karamellisierter Zwetschgenröster 31

SPECIAL THANKS

Über ein Jahr Arbeit an dem Buch liegen nun hinter mir. Es war ein langer Weg von der ersten Präsentation im Verlag bis zur druckfertigen Version. Auf diesem Weg wurde ich von vielen Freunden und meiner Familie unterstützt. Ein großes Dankeschön möchte ich auch an Vanessa und Angela richten. Danke, dass ihr immer da wart, danke für eure Unterstützung und dafür, dass ihr nie den Überblick verloren habt.

Anne Sämmer für den seelischen Beistand, die Beratung und die Marketing-Arbeit.

Armin Schmidt (Frischemarkt Schondorf a. A.) für die großzügige Unterstützung mit den besten Lebensmitteln aus der Region für unsere Food-Aufnahmen.

Unseren Models, Freunden und Helfern:
Vicky, Martin, Matheo, Bianca, Michi, Lukas Gerum und Markus Reiser vom Bikepark Oberammergau, Heike, Stacy, Sophie und Markus Bendler

Wir danken unseren Kooperations-Partnern Maloja, Globetrotter und Primus für die enge und persönliche Zusammenarbeit und die tatkräftige Unterstützung.

maloja Globetrotter << NEUE HORIZONTE >> PRIMUS

Die Originalausgabe wurde 2017 bei Neuer Umschau Buchverlag veröffentlicht.

Rezepte und Texte Markus Sämmer, www.markus-saemmer.de
Fotografie Lifestyle, Outdoor, Sport Steffen Schulte Lippern, www.studio-steve.de
Fotografie Food Peter Greppmayr
Foodstyling Markus Sämmer, Peter Greppmayr
Styling, Set-Design Markus Sämmer, Anne Sämmer
Lektorat Anna-Christine Gülicher-Loll, Volker Sellmann
Innen-, Covergestaltung, Typografie, Realisation Christian Hundertmark, www.C100studio.com

Für den DK Verlag:
Programmleitung Monika Schlitzer
Redaktionsleitung und Projektbetreuung Anne Heinel
Herstellungsleitung Dorothee Whittaker
Herstellungskoordination Claudia Rode
Herstellung Sabine Hüttenkofer

ISBN 978-3-8310-3883-1

Druck und Bindung Leo Paper Products, China

MIX
Papier aus verantwortungsvollen Quellen
FSC® C020056

www.dorlingkindersley.de

Hinweis
Die Informationen und Ratschläge in diesem Buch sind vom Autor und vom Verlag sorgfältig erwogen und geprüft, dennoch kann eine Garantie nicht übernommen werden. Eine Haftung des Autors bzw. des Verlags und seiner Beauftragten für Personen-, Sach- und Vermögensschäden ist ausgeschlossen.

Für noch mehr Outdoor-Abenteuer

The Great Outdoors – Winter Cooking
ISBN: 978-3-8310-3893-0
34,00 € [D] 35,00 € [A]

MARKUS SÄMMER

The GREAT OUTDOORS

DK

INHALT

WAKE UP CALL SEITE 4

Ein gutes und gesundes Frühstück, mitten in der Natur. Das weckt eure Lebensgeister und macht euch fit für einen langen, aktiven Tag draußen. Die passenden Rezepte findet ihr hier.

QUICK REFUEL SEITE 9

In diesem Kapitel findet ihr schnelle, leckere und gesunde Lunchsnacks. Auch eignen sich einige Rezepte perfekt als Trail Food zum Mitnehmen im Rucksack.

DINE IN SEITE 18

Das Wetter spielt heute mal nicht mit? Kein Problem, denn in diesem Kapitel findet ihr eine Menge leckere Gerichte, die ihr ganz bequem im Bus kochen könnt.

DINE OUT SEITE 29

Hier findet ihr die Rezepte,
die am besten draußen funktionieren
und zusammen mit Freunden
noch mehr Spaß machen.

SWEET LOVE SEITE 41

Lasst den Nachmittag oder Abend
in eurem privaten Restaurant perfekt
ausklingen. Hier gibt's alles rund um Süßes.

REFRESH SEITE 48

Erfrischungen, Wachmacher und Sundowner
für alle Gelegenheiten.

WAKE-UP CALL

LEGAL DOPING – DAS SUPERMÜSLI

1 Tasse Müsli-Mix, ½ Tasse Milch, ½ Tasse frischer Obstsalat, 150 g Naturjoghurt, 2 EL Honig oder Agavendicksaft

Müsli-Mix in zwei Schüsseln oder Gläser füllen und mit Milch und Obstsalat vermengen. Joghurt mit Honig oder Agavendicksaft verrühren und auf die beiden Müsli-Portionen verteilen.

PORRIDGE MIT BANANE

½ Tasse zarte Haferflocken, ½ Tasse Milch, Mandel- oder Haferdrink, ½ Tasse Wasser, 3 EL Chai-Sirup oder 2 EL Honig, 1 große Banane, frische Feigen und Kokos-Chips nach Belieben

Haferflocken mit Milch und Wasser aufkochen, 5–10 Min. sanft köcheln, dann Chai-Sirup oder Honig unterrühren. Banane und Feigen, falls verwendet, in Scheiben schneiden und darauf anrichten, nach Belieben mit Kokos-Chips garnieren.

OVERNIGHT OATS

3 EL gehacktes Trockenobst, ¾ Tasse kernige Haferflocken, 2 Tassen Milch, Mandel- oder Haferdrink, 1 EL Chia-Samen nach Belieben, 2 EL Honig oder Agavendicksaft, 150 g Joghurt, 1 Tasse frischer Obstsalat

Das Trockenobst sehr klein schneiden. Mit Haferflocken, Milch, ggf. Chia-Samen und 1 EL Honig am Vorabend in einer Schüssel verrühren und gekühlt über Nacht quellen lassen. Am Morgen auf zwei Schüsseln, Tassen oder Gläser verteilen. Obstsalat und Joghurt als Topping daraufgeben und mit dem verbliebenen Honig beträufeln.

MILCHREIS

1 Tasse Milchreis, 4 Tassen Milch, 2 EL Rohrzucker, Honig oder Agavendicksaft, 1 EL Butter, 1 Päckchen Vanillezucker und 1 Prise Zimt nach Belieben

In einem Topf die Butter zerlassen, den Rundkornreis kurz darin anschwitzen. Milch, Zucker und ggf. Vanillezucker zugeben. Alles unter vorsichtigem Rühren einmal aufkochen. Gründlich über den Boden rühren, damit nichts ansetzt. Im geschlossenen Topf auf kleinster Flamme 25–30 Min. (oder nach Packungsanweisung) sanft köcheln lassen. Nach der Hälfte der Zeit einmal gründlich umrühren. Schmeckt warm und kalt. Da Milchreis beim Abkühlen weiter quillt, muss bei späterem Verzehr evtl. zusätzliche Milch eingerührt werden.

TOPPING-VORSCHLÄGE: Konfitüre; frische Mango, Ananas und Kokosraspel; 4 EL Trail Mix „Power Push" mit 1 EL Honig und 2 EL Wasser kurz aufgekocht; frische Beeren, klein geschnittenes Obst oder gewürfelte und kurz gedünstete Apfelstücke mit Zimt und 1 TL Rohrzucker oder Honig und ein paar Nüssen – extrem lecker!

ANDEN-FRÜHSTÜCK MIT QUINOA

½ Tasse Quinoa, ½ TL Zimt, 2 EL Rosinen, 1 Tasse Milch, Mandel- oder Haferdrink, 1 Apfel, 2 EL Honig, Walnusskerne und Apfelspalten nach Belieben

Quinoa mit Zimt und Rosinen vermischen, mit Milch in einem Topf bei geschlossenem Deckel langsam zum Kochen bringen und bei geringer Hitze 10–12 Min. kochen, dabei gelegentlich umrühren. Sollte die Milch vorzeitig aufgesogen sein, ein paar EL Wasser zugeben. Den Kocher ausschalten und den Brei noch 5 Min. quellen lassen. Apfel mit Schale reiben und mit dem Honig unter den Brei rühren. Nach Belieben mit Walnüssen und Apfelspalten garniert servieren.

DAS SUPER-SPIEGELEI

1 EL Rapsöl, 6 Kirschtomaten, 2 Lauchzwiebeln, 4 Eier, Sriracha oder 1 frischer Chili, Salz, Pfeffer, frisch gehackte gemischte Kräuter, Oliven, Rucola, Spinat, Speck und Parmaschinken nach Belieben

Rapsöl in einer Pfanne erhitzen. Kirschtomaten halbieren, Lauchzwiebeln in Ringe schneiden und beides kurz anschwitzen. Die Eier darüber aufschlagen und die Hitze reduzieren. Mit Salz, Pfeffer und Sriracha würzen. Falls statt der Sriracha ein frischer Chili verwendet wird, diesen ohne Samen in Ringe schneiden und mit den Tomaten dünsten. Mit den Kräutern bestreut servieren. Nach Belieben mit Oliven, Rucola, Spinat, Speck oder Parmaschinken anreichern. Falls ihr ein Sprossenglas im Camper habt, passen die Sprossen auch super dazu.

4-MINUTEN-TEE-EIER

2–4 Eier, 2 große Tassen kaltes Wasser, 2 Teebeutel

Eier anpiksen und in einen Topf mit dem kaltem Wasser legen, den Deckel aufsetzen und das Wasser einmal aufkochen. Sofort den Kocher ausschalten, die Teebeutel ins Wasser hängen und ab jetzt 4 Min. stoppen. Eier und Teebeutel nach 4 Min. aus dem Topf nehmen. Tee und perfekt wachsweiche Frühstückseier heiß genießen. Spart Zeit, Gas und Wasser!

WESTERN-FRÜHSTÜCK

1 Dose (400 g) Baked Beans, Chilipulver, 4–6 Scheiben Bacon, 2 EL Rapsöl, 4 Eier, 1 Süßkartoffel, 1 Bio-Orange, 2 EL Ahornsirup, Salz, Pfeffer

Bohnen in einem Topf langsam erwärmen und mit Salz, Pfeffer und Chili abschmecken. Bacon mit 1 EL Rapsöl in der Pfanne knusprig anbraten, die Eier als Spiegelei darüber aufschlagen und pfeffern. Jetzt wird es raffiniert: Süßkartoffel schälen und reiben, die Orange heiß waschen und die Schale abreiben. Beides mit Ahornsirup, Salz und Pfeffer mischen und in einer Pfanne mit 1 EL Rapsöl zu einem Rösti oder lose braten. Die Orange schälen und danach essen. Bohnen, Eier und Rösti zusammen anrichten und mit Vollgas in den Tag starten.

TIPP: Statt Baked Beans könnt ihr eine Dose Kidneybohnen nehmen, abgießen und 2 EL Tomatenmark plus etwas Wasser einrühren.

POWER-FRITTATA MIT HAFERFLOCKEN

1 Tomate, 4 Eier, ½ Tasse zarte Haferflocken, 2 Bagel oder Vollkornbrötchen, ½ Portion Avocado-Dip (Seite 13), Salz, Pfeffer, Rapsöl, 1 Handvoll frisch gehackte gemischte Kräuter oder jungen Spinat sowie Feta nach Belieben

Tomate, halbieren, Kerne entfernen, das Fruchtfleisch würfeln und mit Eiern und Haferflocken verquirlen. In einer Pfanne mit etwas Rapsöl auf mittlerer Stufe ein Omelett backen. Die Bagel aufschneiden, mit Avocado-Dip bestreichen und mit je einem halben Omelett belegen.

MORNING MUNCH – DAS MEGA-SANDWICH

4 Scheiben Vollkornbrot, 1 gehäufter EL Frischkäse, alternativ Pesto oder Hummus (Seite 13), 1 vollreife Avocado, 1 Tomate, ½ Bund oder Packung Rucola, 2 Scheiben Bergkäse, Salz, Pfeffer, frische Sprossen oder Kresse nach Belieben

Die Brotscheiben mit Frischkäse, Pesto oder Dip bestreichen, Avocado und Tomate in Scheiben schneiden, den Rucola waschen und trocken schütteln, evtl. die Blätter quer halbieren. Alle Zutaten auf zwei Scheiben Brot verteilen, würzen und die zweite Scheibe auflegen.

HERZHAFTE PANCAKES MIT HÜTTENKÄSEFÜLLUNG

Teig: 1 Tasse Dinkelmehl, 1 Tasse Milch, 2 Eier, 2 EL geriebener Parmesan, frisch gehackte gemischte Kräuter, Salz, Pfeffer

Topping: 200 g Hüttenkäse, Raps- oder Sonnenblumenöl, Oliven, Gurke, Tomate, Sprossen nach Belieben

Das Mehl in einer kleinen Schüssel mit etwas Milch glatt rühren, damit später keine Klumpen entstehen. Die restliche Milch, Eier und Parmesan unterrühren, mit Salz und Pfeffer würzen und die Kräuter einstreuen. Den Hüttenkäse mit Salz und Pfeffer würzen. Nach Belieben die Oliven halbieren, Gurke und Tomaten fein würfeln und einrühren. Die Pancakes in einer Pfanne ausbacken. Entweder etwas Hüttenkäsemischung in die Mitte geben und den Pancake zuklappen oder aufrollen oder die Füllung zwischen zwei Pancakes verstreichen.

PANZANELLA

½ Baguette oder 2–3 Semmeln vom Vortag, 2 EL Olivenöl, 1–2 Knoblauchzehen, 20 reife Kirschtomaten oder 4–5 reife Strauchtomaten, 1 große rote Zwiebel, 2 Handvoll Basilikumblätter
Dressing: 2 EL Rotwein- oder Weißweinessig, 4 EL Olivenöl, 1 TL brauner Zucker, Salz, Pfeffer

Das Brot in Würfel schneiden und mit Olivenöl in einer Pfanne goldbraun rösten. Den Knoblauch zerdrücken und kurz mitrösten, wenn das Brot schon Farbe annimmt. Die Tomaten klein schneiden und die Zwiebel fein würfeln. Ein paar Basilikumblätter für die Garnitur beiseitelegen, den Rest mit der Küchenschere in Streifen schneiden. Alle Salatzutaten in einer Schüssel vermengen. Für das Dressing alle Zutaten in einem Schraubglas schütteln oder in einer kleinen Schüssel verrühren. Mit Salz und Pfeffer abschmecken, über den Salat gießen, nicht zu lange ziehen lassen und mit den beiseitegelegten Basilikumblättern garnieren.

CAESAR SALAD

1–2 Romanasalate oder Salatherzen, ½ Baguette oder 1 Brötchen vom Vortag, 2 EL Olivenöl
Dressing: 1 Knoblauchzehe, 1 Eigelb, 1 TL Senf, 1 Bio-Zitrone, 6 EL Olivenöl, ½ TL Rohrzucker, Salz, Pfeffer
frisch gehobelter Parmesan zum Bestreuen, Avocado oder gebratene Hähnchenbruststreifen nach Belieben

Den Salat waschen, schleudern und grob zerkleinern. Das Brot würfeln und mit 2 EL Öl in einer Pfanne anrösten. Für das Dressing den Knoblauch fein hacken und mit dem Eigelb und dem Senf in einer Schüssel verrühren. Die Zitrone heiß abwaschen und die Schale abreiben. Zum Eigelb geben. Die Zitrone dann auspressen und den Saft dazugießen. Unter ständigem Rühren das Olivenöl eintröpfeln lassen, bis ein cremiges Dressing entsteht. Mit Zucker, Salz und Pfeffer abschmecken. Salat mit Dressing anmachen und die Croûtons sowie reichlich Parmesanhobel darüberstreuen. Mit gebratenen Hähnchenbruststreifen oder Avocadostücken wird eine leichte Hauptspeise daraus.

ORANGEN-FENCHEL-SALAT MIT FETA

1 Fenchelknolle, 2 Orangen, 1 Kohlrabi nach Belieben, 150 g Feta,
frische Kräuter (z. B. Basilikum oder Petersilie)
Dressing: 2 EL heller Balsamico- oder Obstessig, 3 EL Olivenöl, ½ TL Kurkuma, ½ TL Rohrzucker, Salz, Pfeffer

Fenchel putzen, Strunk entfernen und das Grün aufheben. Den Fenchel in sehr feine Streifen schneiden. Kohlrabi, falls verwendet, ebenso vorbereiten. Die Orangen mit einem scharfen Messer so schälen, dass keine weiße Haut übrig bleibt. Filetieren oder in Stücke schneiden. Auslaufenden Saft auffangen und in die Salatschüssel geben. Feta würfeln oder zerbröseln, die Kräuter und das Fenchelgrün hacken. Alle Salatzutaten in der Salatschüssel vermengen. Alle Zutaten fürs Dressing in einer kleinen Schale verrühren, über den Salat gießen und 10 Min. ziehen lassen.

QUINOASALAT

½ Tasse Quinoa, 1–1½Tassen Bio-Gemüsebrühe, ½ Zwiebel, 1 Tomate, 1 Paprika, ½ Bund Petersilie oder Koriander, 4 EL frisch gepresster Zitronensaft oder heller Balsamico-Essig, 4 EL hochwertiges Olivenöl, Salz, Pfeffer, Sriracha sowie Oliven und Feta nach Belieben

Quinoa waschen, abtropfen lassen und mit der gesamten Brühe aufkochen. 15 Min. köcheln, dann von der Hitzequelle nehmen und 5 Min. quellen lassen. Die Quinoa sollte nun die gesamte Flüssigkeit aufgesogen haben. Die Zwiebel in feine Würfel schneiden, Tomate und Paprika in kleine Stücke schneiden und alles roh oder kurz angeschwitzt zur Quinoa geben. Die Kräuter hacken und darüberstreuen. Zitronensaft oder Essig mit dem Öl verrühren und salzen und pfeffern. Unter den Salat heben und final abschmecken. Quinoasalat schmeckt auch zu gegrilltem Fisch, Fleisch oder zu Falafel (Seite 12).

TABOULEH

2–3 Tassen Bio-Gemüsebrühe, ½ TL Ras el-Hanout, 1 Tasse Instant-Couscous oder Bulgur, 1–2 Knoblauchzehen, 2 große, reife Tomaten, 1 Paprika, 1 Karotte, 3 Lauchzwiebeln oder 1 rote Zwiebel, 1 Bund glatte Petersilie, 1 Bio-Zitrone, 4 EL Olivenöl, Salz, Pfeffer, frisch gehackte Minze oder Chiliflocken nach Belieben

Die Brühe aufkochen und mit Ras el-Hanout, Pfeffer und Salz würzen. Den Couscous in einer Schüssel mit der Brühe übergießen und quellen lassen. Wenn ihr Bulgur verwendet, muss dieser länger ziehen oder sogar ein paar Min. kochen und braucht möglicherweise mehr Flüssigkeit. Bitte die Packungsanweisung beachten. Den Knoblauch fein hacken, Tomaten und Gemüse putzen und in kleine Stücke schneiden. Zwiebeln sehr fein würfeln und Petersilie hacken. Wenn Couscous oder Bulgur abgekühlt sind, alle Zutaten in einer Schüssel vermengen. Die Zitrone heiß abwaschen, etwas Schale abreiben, dann die Zitrone auspressen. Das Tabouleh mit Zitronenschale und -saft sowie Olivenöl übergießen, noch einmal abschmecken und etwas ziehen lassen.

TOMATENSALAT PERFEKT

6 mittelgroße, vollreife Strauchtomaten, ½ Zwiebel, ½ Bund Petersilie, Schnittlauch oder Basilikum, 3 EL Balsamico-Essig, 4 EL hochwertiges Olivenöl, 1 Prise Zucker, Salz, Pfeffer

Tomaten waschen und in Achtel schneiden. Zwiebel fein würfeln und Kräuter hacken. Mit Zucker, Salz und Pfeffer würzen und den Essig darübergießen. Alles mischen, dann erst Öl und Kräuter zugeben. 5 Min. ziehen lassen, final abschmecken. Entweder nur mit einem Stück Baguette als leichten Lunch genießen oder als Beilage servieren.

BRUSCHETTE UND CROSTINI

Das Geheimnis dieser kleinen, feinen Brote ist ein gutes Baguette oder eine feine Ciabatta. Am besten grillt oder toastet (das geht auch auf dem Gaskocher oder in einer Pfanne) ihr die Brotscheiben leicht goldbraun und kross von beiden Seiten und lasst sie wieder abkühlen.

Crostini: Als Aufstrich könnt ihr super die Dips mit Thunfisch oder Avocado (Seite 13), aber auch Pesto verwenden und diese dann noch weiter kreativ belegen und garnieren, etwa mit Parmaschinken, Oliven, Kapernäpfeln usw. Was auch immer gut ankommt, sind (Ziegen-)Frischkäse, frische Feigen, Walnüsse und ein Klecks Honig.

Bruschette: 2 frische, reife Tomaten (auch köstlich: 10 reife Kirschtomaten), ½ Zwiebel, 1 Knoblauchzehe, 10 Basilikumblätter, 2 EL Olivenöl, Salz, Pfeffer

Tomaten und Zwiebel fein würfeln, den Knoblauch fein hacken. Alle Zutaten in einer Schale vermengen, mit Salz und Pfeffer abschmecken und auf die gerösteten Brotscheiben geben. Mit Olivenöl beträufeln und nach Belieben noch frischen Pfeffer darüber mahlen. Besonders sommerlich-fruchtig wird es, wenn ihr noch ein paar kleine Melonenwürfel und frisch gehackte Minze dazugebt.

FALAFEL

1 Dose Kichererbsen (400 g) oder 1 Tasse Kichererbsenmehl mit Brühe verrührt, 1 Zwiebel, 2 Knoblauchzehen, 1 kleines Bund Petersilie oder Koriander, 1 Eigelb, 1 EL Paniermehl oder 1 TL Backpulver, 2 EL Mehl, ½ TL gemahlener Kreuzkümmel, ½ TL Paprikapulver, Salz, Pfeffer, Raps-, Sonnenblumen- oder Erdnussöl

Die Kichererbsen gut abtropfen lassen und in einer Schüssel zu Mus zerdrücken. Zwiebel und Knoblauch sowie die Kräuter fein hacken und mit den restlichen Zutaten zu einem zähen Teig verarbeiten. Am besten mit feuchten Händen Bällchen formen. In einem Topf 2–3 Finger hoch Öl erhitzen, aber nicht rauchend werden lassen, und die Bällchen darin goldbraun ausbacken. Vorsicht mit dem heißen Fett, Kinder sollten nicht an den Topf gelangen können. Mit einem Schaumlöffel herausheben und auf Küchenpapier abtropfen lassen. Dazu passen die Dips von dieser und der nächsten Seite, besonders Hummus und der Joghurt-Dip, den man dazu noch mit frischer Minze verfeinern kann. Gegessen werden Falafel traditionell in oder mit Fladenbrot. Sie bereichern aber auch Salate, Picknicks und Brotzeiten – ähnlich wie Hackbällchen. Dazu schmeckt frische Salatgurke gut.

TIPP: Wer nicht so viel Öl zum Frittieren dabei hat, formt kleine Fladen statt Bällchen.

AVOCADO-DIP

1 reife Avocado, Saft von ½ Zitrone, Sriracha, Salz, Pfeffer, ½ fein gehackte Knoblauchzehe, ½ fein gewürfelte Tomate, Kräuter nach Belieben

Die Avocado schälen, den Kern entfernen und das Fleisch mit einer Gabel zerdrücken, mit Zitronensaft marinieren und mit der Chilisauce, Salz und Pfeffer abschmecken. Probiert ihn auch als Aufstrich für Sandwiches oder als schnelle Pasta-Sauce.

HUMMUS

1 Dose gekochte Kichererbsen, Saft von 1 Zitrone, ½ fein gehackte Knoblauchzehe, 1 EL Olivenöl, 1–2 EL Sesampaste (Tahin), gemahlener Kreuzkümmel, Salz, Pfeffer, gehackte Petersilie und Koriandergrün nach Belieben

Kichererbsen abspülen, abtropfen lassen und dann in einer Schüssel zu Mus zerdrücken. Die übrigen Zutaten untermischen und zu einem cremigem Dip verarbeiten. Mit Kreuzkümmel, Salz und Pfeffer abschmecken.

THUNFISCH-DIP

1 Dose Thunfisch im eigenen Saft (Lachs oder Makrele gehen auch), Saft von ½ Zitrone, 1 Handvoll gehackter Schnittlauch oder Petersilie, ½ gehackte rote Zwiebel, Salz, Pfeffer

Fisch in einer Schüssel zerdrücken, alle Zutaten zu einer cremigen Paste verarbeiten und abschmecken.

JOGHURT-ZITRONEN-DIP

1 Becher Naturjoghurt (250 g), Saft von ½ Zitrone, Salz, Pfeffer, gehackte Kräuter (z. B. Basilikum, Petersilie, Koriandergrün)

Alle Zutaten in einer Schüssel verrühren und mit Salz und Pfeffer abschmecken. Eignet sich auch super als Salatdressing, dann noch etwas Zucker, ½ fein gehackte Knoblauchzehe und 1 EL Öl dazugeben.

FUNKY TUNA SANDWICH

1 Ciabatta, 1 EL Olivenöl, Joghurt-Dip (siehe oben), 2 kleine Dosen Thunfisch, 2 EL getrocknete gehackte Tomaten, ½ Bund Basilikum, 2 EL gehackte Oliven, 1 Avocado, 1 kleine Gurke, 2 hart gekochte Eier, ½ Zwiebel, 1 Handvoll Rucola, Salz, Pfeffer

Ciabatta der Länge nach halbieren, evtl. von innen leicht toasten oder in 1 EL Olivenöl in der Pfanne goldbraun rösten. Mit Joghurt-Dip bestreichen. Den abgetropften Thunfisch in einer Schüssel mit getrockneten Tomaten, Basilikum und Oliven mischen, salzen und pfeffern. Die Mischung auf der unteren Hälfte der Ciabatta verteilen. Jetzt in Lagen folgende in Scheiben geschnittene Zutaten auflegen: Avocado, Gurke, Eier und Zwiebel. Dann den gewaschenen Rucola darauf verteilen, das Ganze kräftig pfeffern, die obere Ciabatta-Hälfte auflegen und leicht andrücken. Jetzt das Sandwich quer halbieren und evtl. für den Transport fest in Butterbrotpapier einschlagen.

CLUB WRAP

1 kleiner Romana-Salat, 1–2 Tomaten, 1 Hähnchenbrustfilet, 1 EL Olivenöl, 4 Streifen Bacon, 2 große Tortilla-Fladen, Adovado-Dip und Joghurt-Dip (Seite 13/14), Salz, Grillgewürz oder Paprikapulver, Pfeffer

Salat waschen und in breite Streifen schneiden. Tomate(n) würfeln. Hähnchenbrustfilet mit Salz, Grillgewürz oder Paprikapulver und Pfeffer einreiben und in dem Öl bei mittlerer Hitze rundum goldbraun braten. Bacon in die Pfanne geben und kross mitbraten, dann beides aus der Pfanne heben. Das Hähnchenbrustfilet in Streifen schneiden. Tortillas kurz in dem verbliebenen Öl in der Pfanne von beiden Seiten erhitzen. Beide Fladen flach auslegen und mit dem Avocado-Dip bestreichen. Alle Zutaten flach darauf verteilen, dabei das obere Drittel freilassen. Den Jogurt-Dip darüberträufeln, alles pfeffern und den rechten und linken Rand der Fladen ein Stück nach innen klappen, dann mit leichtem Druck von unten nach oben aufrollen.

SUPERSCHNELLE SPAGHETTI CARBONARA

½ Bund Petersilie, 200 g Sahne, 2 Eigelbe, 4 EL geriebener Parmesan, 250 g Spaghetti, 1 Knoblauchzehe, 150 g geräucherter Speck, 1 EL Olivenöl oder Butter, Salz, Pfeffer, ½ frischer Chili nach Belieben, falls du mehr Schärfe willst

Petersilie zupfen und fein hacken. Mit Sahne, Eigelb und Parmesan in einer Schüssel verrühren. Kräftig salzen und pfeffern. Die Spaghetti in Salzwasser al dente kochen, in einem Sieb abtropfen lassen, dabei etwas Wasser auffangen. Zwiebel fein würfeln, Knoblauch zerdrücken, Speck in Würfel oder Streifen schneiden und alles im leeren Nudeltopf mit Öl oder Butter dünsten, bis die Zwiebel glasig ist. Falls gewünscht, jetzt auch den frischen Chili dünsten. Die Spaghetti wieder dazugeben und kräftig umrühren. Sollten die Spaghetti kleben, etwas vom Kochwasser zugießen. Auf kleinste Flamme reduzieren und die Sahnesauce über die Spaghetti gießen. Unter ständigem Rühren die Sauce andicken lassen. Darauf achten, dass das Ei nicht stark stockt, die Sauce muss cremig bleiben. Sofort servieren.

TURBO-CARBONARA MIT AVOCADO

250 g Spaghetti (z. B. helle Dinkel- oder Kamut-Spaghetti), 1–2 Portionen Avocado-Dip (Seite 13) mit Knoblauch und Tomate

Die Nudeln in Salzwasser al dente kochen, beim Abgießen ein paar EL Wasser im Topf lassen und den Dip hineinrühren. Bei Bedarf mit Salz und Pfeffer abschmecken und nach Belieben noch geriebenen Parmesan und gehackte Petersilie zugeben. Die Spaghetti wieder in den Topf geben, mit der Sauce vermengen und servieren.

QUESADILLA

Greek Geek: 1 Handvoll grob gehackte junge Spinatblätter, 2 EL gewürfelte, gut abgetropfte, getrocknete, eingelegte Tomaten, 2 EL in Stücke geschnittene Oliven (vorzugsweise Kalamata), 100 g gewürfelten Feta, 100 g gewürfelten Mozzarella (vorzugsweise echter Büffelmozzarella), 4 Tortilla-Fladen aus Weizen- oder Maismehl, Salz, Pfeffer

Goat Gulp: 4 Tortilla-Fladen aus Weizen- oder Maismehl, 4 EL grob mit den Fingern zerdrückte Walnusskerne, 2 Scheiben Ziegenweichkäse von der Rolle, 2 TL Honig, 1 frischer Rosmarinzweig, 1 Pfirsich, 1 Handvoll Rucola, Salz, Pfeffer

Vorbereitete Beläge auf zwei Tortillas verteilen, würzen und je eine Tortilla als Deckel auflegen. In einer vorgeheizten Pfanne bei mittlerer Hitze von jeder Seite goldbraun backen, bis der Käse innen geschmolzen ist. Achtet auf die passende Größe der Pfanne! Notfalls die Quesadillas vor dem Braten vierteln oder gleich kleinere Tortillas kaufen.

SPANISCHE TORTILLA

6 mittelgroße, vorwiegend festkochende Kartoffeln, 4 EL Olivenöl, 1 Zwiebel, 1 Handvoll Paprika, grüner Spargel oder Pilze nach Belieben, ½ Bund Petersilie oder Schnittlauch, 3–4 Eier, Salz, Pfeffer, Chilipulver

Kartoffeln schälen, in feine Scheiben oder Würfel schneiden und mit dem Olivenöl in einer Pfanne farblos anschwitzen und fast durchgaren. Zwiebel fein würfeln. Gemüse oder Pilze, falls verwendet, putzen und in kleine Stücke schneiden. Beides zu den Kartoffeln geben, kurz mitschwitzen und kräftig würzen.Die Kräuter fein hacken und mit den Eiern verquirlen. Die Kartoffeln mit einem Pfannenwender flach drücken, dann das Ei zugießen. Nun nicht mehr rühren, sondern bei geringer Hitze weitergaren, bis das Ei komplett gestockt ist. Einen großen Teller auf die Tortilla legen, das Ganze wenden und die Tortilla noch einmal in die Pfanne gleiten lassen. Fertig garen.

TIROLER HÜTTENGRÖSTL

4–6 mittelgroße, vorgekochte Kartoffeln (oder Reste vom Vortag), 2 EL Olivenöl, 4 Scheiben Tiroler Speck, 1 Zwiebel, ½ EL Butter, ½ TL Kümmel, 2–4 Eier, ½ Bund gehackte Petersilie oder Schnittlauch, ½ TL getrockneter Oregano, Salz, Pfeffer

Kartoffeln schälen, in Scheiben schneiden und mit dem Olivenöl in einer Pfanne goldbraun anbraten. Speck in Streifen schneiden und mit Zwiebel, Butter und Kümmel zu den Kartoffeln geben, mitbraten. Eier entweder verquirlen und dazugeben oder in einer zweiten Pfanne zu Spiegeleiern braten. Mit Salz (wenig, der Speck ist salzig!) und Pfeffer (kräftig) würzen und nach Belieben mit Kräutern bestreuen.

TIPP für eine tolle vegetarische Variante: Einfach auf den Speck verzichten und blanchierte, halbierte Bohnen zugeben. Wenn ihr die Kartoffeln bereits vorgekocht habt, ist das Gröstl wirklich superschnell zubereitet!

ARABISCHER TOMATEN-GURKEN-SALAT

4–6 Strauchtomaten, 1 Salatgurke, ½ mittelgroße Zwiebel, 1 Zitrone (alternativ 3–4 EL heller Essig), 3–4 Thymianstängel (alternativ Petersilie oder Koriander), 4 EL Olivenöl, Salz, Pfeffer

Tomaten waschen, vierteln und die Kerne entfernen. Gurke waschen, nach Belieben schälen, längs halbieren und mit einem kleinen Löffel die Kerne herausschaben. Tomaten und Gurke in etwa gleich große Stücke schneiden. Zwiebel fein hacken, Zitrone auspressen (von einer Bio-Zitrone könnt ihr auch etwas Schale abreiben). Thymianblättchen abzupfen. Alle Zutaten vermengen und mit Salz und Pfeffer abschmecken.

PENNE TONNO MIT OLIVEN

½ Packung Penne (z. B. helle Dinkel-Penne), ½ mittelgroße Zwiebel, 1–2 Knoblauchzehen, 4 EL Olivenöl, 1 Dose Thunfisch, 1 Dose gehackte Tomaten, 6 EL Oliven ohne Stein, getrockneter Oregano, Salz, Pfeffer, Chiliflocken, ½ Bund Petersilie und frisch gehobelter Parmesan

De Penne in einem großen Topf Salzwasser al dente kochen. Derweil Zwiebel und Knoblauch schälen, fein hacken und in einem kleineren Topf mit dem Olivenöl anschwitzen. Thunfisch und Tomaten zugeben und mit Oregano, Salz, Pfeffer und nach Geschmack mit Chiliflocken würzen. Die Oliven halbieren und zur Sauce geben. Die Pasta abgießen, zurück in den Topf geben und mit der Sauce übergießen. Umrühren und anrichten. Nach Belieben mit frisch gehackter Petersilie und Parmesanspänen bestreuen.

SPAGHETTI BOLOGNESE BÄM!

Sauce: 1 kleine Karotte, 1 Selleriestange, 1 Zwiebel, 1–2 Knoblauchzehen, 2 EL Olivenöl, 300 g frisches Rinderhack, 100 ml Rotwein, 1 Dose gehackte Tomaten, 1 TL getrockneter Oregano, 1 TL Zucker, ½ Bund Petersilie, 1 Rosmarinzweig, 1 großer Thymianstängel, Salz, Pfeffer, Chiliflocken, ½ Tasse Bio-Gemüsebrühe, falls erforderlich
Außerdem: 250 g helle Dinkel-Spaghetti, frisch geriebener Parmesan

Karotte, Sellerie, Zwiebel und Knoblauch putzen und alles in sehr feine Würfel schneiden. Zwiebel und Knoblauch mit dem Öl in einer Pfanne glasig anschwitzen. Hackfleisch zugeben und anbraten. Kräftig mit Salz und Pfeffer würzen. Mit dem Rotwein ablöschen, dann die Tomaten, Oregano und Zucker zugeben. Das fein gewürfelte Gemüse zugeben und bei mittlerer Hitze garen. Zum Schluss die Kräuter zupfen, hacken und zur Sauce geben. Nochmals mit Salz und Pfeffer abschmecken. Falls die Sauce zu sehr eindickt, mit etwas Gemüsebrühe verdünnen. Nach Belieben Chiliflocken dazugeben. Die Spaghetti in reichlich Salzwasser al dente garen. Wer eine vegetarische Variante möchte, weicht 1–2 Tassen Sojaschnetzel vor dem Anbraten in heißer Gemüsebrühe ein, am besten mit zusätzlich 2 EL Sojasauce, das macht sie schmackhafter.

TIPP: Achtet darauf, dass die Nudeln gut al dente werden. Fangt beim Abgießen ½–1 Tasse Kochwasser auf und gießt es samt der Nudeln zurück in den Topf, einmal umrühren. So kleben die Nudeln nicht zusammen. Benutzt kein Öl, denn das verschließt die Nudeln und sie nehmen keine Sauce und somit keinen Geschmack mehr auf!

CEVICHE

300 g frisches Fischfilet ohne Haut und Gräten, 2 Limetten oder 1 Zitrone, ½ Bund frischer Koriander oder Petersilie, 1 kleine rote Zwiebel, 2 EL Olivenöl, Salz, Pfeffer, ½ Peperoni, 1 kleines Stück Ingwer und ½ Knoblauchzehe

Das Fischfilet in kleine, dünne Stücke schneiden. Limetten oder Zitrone auspressen und den Fisch im Zitrussaft marinieren. Je länger ihr den Fisch mariniert, desto mehr denaturiert das Eiweiß und der Fisch wird kalt „gegart". Ich persönlich finde 10 Min. völlig ausreichend. Mit Salz und Pfeffer würzen. Kräuter hacken, die Zwiebel in sehr feine Ringe schneiden und beides mit dem Olivenöl untermischen. Peperoni, Ingwer und Knoblauch putzen und sehr fein hacken. Mit zusätzlichen Zwiebelringen und Kräutern garnieren.

VARIATIONEN: Egal, ob mit frischer Mango, Avocado, Gurke, Mais oder Lauchzwiebel, erlaubt ist, was schmeckt und was gerade frisch verfügbar ist.

EINTOPF MIT WEISSEN BOHNEN UND SALSICCIA

½ Zwiebel, 1–2 Knoblauchzehen, 2–3 Salsicce (alternativ Chorizo oder pikante frische Bratwurst), 2 EL Oliven- oder Rapsöl, 1 Rosmarinzweig, 1 Dose weiße Bohnen (z. B. Canellini), 1 Dose gehackte Tomaten, 1 Tasse Bio-Gemüsebrühe, 2 Selleriestangen, ½ Bund Petersilie, Salz, Pfeffer

Zwiebel hacken, Knoblauch schälen und zerdrücken. Salsicce würfeln und mit dem Öl in einem Topf anbraten. Zwiebel, Knoblauch und den Rosmarinzweig zugeben. Anschwitzen, bis die Zwiebel glasig ist. Bohnen abtropfen lassen und einrühren. Das Ganze mit Tomaten und Brühe ablöschen. Sellerie in 1 cm große Stücke schneiden und zugeben. Aufkochen und auf mittlerer Stufe ca. 10 Min. köcheln, bis der Sellerie gar ist. Die Petersilie waschen, trocken schütteln und hacken. In den Eintopf rühren und mit Salz und Pfeffer abschmecken.
Für eine vegetarische Variante die Wurst durch Karotten o. Ä. ersetzen. Pikanter wird's , wenn ihr die abgeriebene Schale von 1 Bio-Zitrone und 1 klein geschnittenen Chili mitkocht.

DEFTIGER LINSENEINTOPF MIT SPECK UND KARTOFFELN

2 Karotten, ¼ Knollensellerie oder 2 Selleriestangen, 2–3 vorwiegend festkochende Kartoffeln, ½ Zwiebel, 1 Knoblauchzehe, 2 dicke Scheiben geräucherter Bauchspeck, 2 EL Oliven- oder Rapsöl, ½ Tasse kleine Linsen (rot oder gelb), 4 EL Balsamico-Essig, 3–4 Tassen Bio-Gemüsebrühe, ½ Bund Petersilie, Salz, Pfeffer

Gemüse, Kartoffeln putzen und in 1 cm dicke Stücke schneiden. Zwiebel klein schneiden und den Knoblauch zerdrücken. Bauchspeck würfeln und mit dem Öl in einem Topf anbraten. Zwiebel und Knoblauch zugeben und glasig mitschwitzen. Linsen einrühren und mit dem Essig ablöschen. Gemüse und Kartoffeln zugeben und mit der Brühe übergießen. Aufkochen und auf mittlerer Stufe ca. 15 Min. köcheln, bis Linsen und Kartoffeln weich sind. Mit Salz und Pfeffer abschmecken. Petersilie hacken und den Eintopf damit bestreuen.

Für eine vegetarische Variante einfach den Speck weglassen, für eine deftigere Variante zusätzliche Wurststücke, z. B. Debreziner o. Ä. zugeben.

PORTUGIESISCHER FISCHEINTOPF

2 rote oder gelbe Paprika, 2 Zwiebeln, 6 vorwiegend festkochende oder mehlig kochende Kartoffeln, 300 g festfleischiges Fischfilet (z. B. Seeteufel, Hecht etc., alternativ 4–6 Riesengarnelen), 2 Knoblauchzehen, 1 milde Peperoni, 1 Dose gehackte Tomaten, 100 ml Weißwein, 100 ml Wasser, 4 EL Olivenöl, 1 Bund Koriander, gemahlener Safran oder Kurkuma, Paprikapulver, Salz, Pfeffer, Cayennepfeffer

Paprika und Zwiebeln putzen und in Streifen schneiden, die Kartoffeln schälen und in ca. 1 cm dicke Scheiben schneiden. Fischfilet in mundgerechte Stücke schneiden. Knoblauch schälen und in sehr dünne Scheiben schneiden. Peperoni in dünne Ringe schneiden. Die Zutaten in zwei bis drei Lagen in einen Topf schichten: Zwiebel, Paprika, Peperoni und Knobi, Kartoffeln, Tomaten, Fisch. Zwischen den Lagen großzügig die genannten Gewürze einstreuen. Die letzte Schicht besteht aus Gemüse. Weißwein und Wasser darübergießen. Mit dem Olivenöl beträufeln und einen halben Bund Koriander im Ganzen auflegen. Den verbliebenen Koriander zupfen und hacken und beim Anrichten darüberstreuen. Den Topfdeckel auflegen, aufkochen, auf kleiner Stufe ca. 15 Min. köcheln, dann ausschalten und noch ca. 10 Min. ziehen lassen. Mit dem gehackten Koriander bestreuen und mit Baguette und dem Rest des Weißweins (gekühlt) servieren.

TIPPS: Funktioniert mit Süß- sowie Salzwasserfisch. Muscheln oder Garnelen eignen sich zum Veredeln. Das Gemüse kann man nach Geschmack variieren. Am besten am Tag der Zubereitung verzehren, es sei denn, man hat einen Kühlschrank.

THAI-CURRY MIT REIS

500 g gemischtes Gemüse (z. B. Karotten, Zuckerschoten, Pak Choi, frischer Spinat, Auberginen, Kürbis oder Kartoffeln machen das Curry weicher), 1 Hähnchenbrustfilet, 1 EL Sojasauce, 1 TL Honig, 150 ml Kokosmilch, 1 Zwiebel, 1–2 Knoblauchzehen, 2 EL Rapsöl, 2–3 EL Curry-Paste, frisch gehackte Petersilie oder Koriander, frisch geriebener Ingwer und frische Chiliringe nach Belieben, Salz, Pfeffer, 1 Tasse Reis (Basmati oder Jasmin)

Das Gemüse putzen und in gleich große Stücke schneiden. Die Sorten nicht vermischen, weil sie unterschiedliche Garzeiten haben! Das Hähnchenfilet in mundgerechte Stücke schneiden und in einer kleinen Schüssel mit Sojasauce, Honig, Salz und Pfeffer mindestens 1 Stunde marinieren. Zwiebel und Knoblauch schälen, fein hacken und in einem Topf oder einer großen Pfanne mit dem Rapsöl anschwitzen. Currypaste und, falls verwendet, Chili und Ingwer zugeben. Nun das Hähnchen unterheben und anbraten. Mit Kokosmilch ablöschen und die Gemüsesorten nach Garzeit sortiert zugeben: harte Sorten wie Karotten zuerst, Spinat oder Sprossen zum Schluss. Mit Salz und Pfeffer abschmecken und nach Belieben mit Kräutern verfeinern. Den Reis nach Packungsanweisung garen. Abgießen und zurück im heißen Topf abdampfen lassen. Für eine vegetarische Variante das Hähnchenfilet kann durch 200 g zusätzliches Gemüse ersetzen.

KICHERERBSEN-CURRY

1 Zwiebel, 2 Knoblauchzehen, 2 EL Rapsöl, 1 daumengroßes Stück Ingwer, 1 kleiner Chili, 3–4 reife Fleischtomaten oder 1 Dose Pizza-Tomaten, 1 große Dose Kichererbsen (400 g), ½ TL brauner Zucker, je ½ TL Koriander, Kreuzkümmel, Kurkuma, Garam Masala (alternativ: 1 EL Ras el-Hanout), Salz, Pfeffer, ½ Bund Petersilie oder Koriander, frischer Blattspinat sowie gebratene Hähnchenbruststücke nach Belieben

Zwiebel und Knoblauch schälen und hacken. In einem Topf oder einer großen Pfanne in Rapsöl anschwitzen. Ingwer schälen und fein hacken, Chili entkernen und ebenfalls fein hacken. Beides in den Topf geben. Salz, Pfeffer, Zucker und die gemahlenen Gewürzen zugeben. Tomaten in kleine Stücke schneiden und zugeben und alles 10 Min. einkochen. Kichererbsen abgießen, abspülen und abtropfen lassen, dann zu den Tomaten geben, kurz aufkochen und das Ganze final abschmecken. Nach Belieben mit frischen Kräutern oder Blattspinat verfeinern. Eventuell gebratene Hähnchenbrust dazugeben. Dazu passen Naan, Fladenbrot oder Reis. Schmeckt auch kalt und unterwegs prima, als Snack im Fladenbrot.

MANGO EXPLOSION

1 Tasse schwarzer Reis, ½ Tasse gepalte Erbsen, 1 Mango, frische gemischte Kräuter (z. B. Koriander, Basilikum und etwas Minze), 1 Bio-Zitrone, 2 EL Olivenöl, 1 TL Ahornsirup, Salz, Pfeffer, Lauchzwiebeln und grüner Spargel nach Belieben

Den Reis gut waschen. 4 Tassen Wasser ohne Salz aufkochen und den Reis darin ca. 35 Min. leicht köcheln, dabei gelegentlich umrühren. Die Erbsen (und Lauchzwiebel und/oder Spargel, falls verwendet) für die letzten 2 Min. zugeben, dann überschüssiges Wasser abgießen. Die Mango schälen, würfeln und Kräuter hacken. Beides unter den Reis mischen. Die Zitrone heiß abwaschen und die Schale dünn abreiben, dann die Frucht auspressen. Zitronenschale, -saft, Olivenöl, Ahornsirup (ggf. durch Honig oder braunen Zucker ersetzen) zu einem Dressing verrühren, mit Salz und Pfeffer würzen und den Salat damit anmachen.
Für eine gehaltvolle Picknickvariante entweder Mozzarella- oder Fetastücke oder gemischte Nüsse zugeben.

MIE-GORENG

½ Packung (2 Platten) Mie-Nudeln (südostasiatische Nudeln, mit oder ohne Ei), ½ mittelgroße Zwiebel, 1–2 Knoblauchzehen, 1 roter Chili, 10 g frischer Ingwer, 2 EL Rapsöl, ½ Bund Lauchzwiebeln, 1 Paprika, 2 Karotten, 2 Eier, 2 EL Sojasauce, 2 EL Sriracha, ½ Bund Koriander, Salz, Pfeffer, gewürzte oder marinierte Garnelen, Hühnerbrust oder Steak-Reste nach Belieben

Nudeln in einer Schüssel mit kochend heißem Wasser übergießen oder nach Packungsanweisung zubereiten. Zwiebel fein würfeln, Knoblauch zerdrücken, Chili in feine Ringe schneiden und Ingwer fein hacken. Diese Zutaten in einer großen Pfanne mit dem Öl anschwitzen. Lauchzwiebel, Paprika und Karotten putzen, in feine Streifen schneiden und in die Pfanne geben. Dünsten, bis das Gemüse bissfest gegart ist. Falls gewünscht, nun gewürztes Fleisch oder Garnelen dazugeben. Die Nudeln abtropfen lassen und mitbraten. Die Eier entweder verquirlen und unterrühren oder separat Spiegeleier braten und beim Servieren obenauf anrichten. Die Nudelpfanne mit Sojasauce, Sriracha sowie Salz und Pfeffer abschmecken. Den Koriander zupfen und hacken, dann unterrühren.

SCHNELLE RATATOUILLE

1 Zwiebel, 1–2 Knoblauchzehen, ½ Chili, 1 Aubergine, 1–2 Zucchini, 2 rote oder gelbe Paprika, 1 Rosmarinzweig, 1 Thymianstängel, 3 EL Olivenöl, 2 EL Tomatenmark, 50 ml Wasser, ½ TL Zucker, Salz, Pfeffer

Zwiebel, Knoblauch und Chili fein hacken. Aubergine, Zucchini und Paprika waschen, putzen und in mundgerechte Stücke schneiden. Die Kräuter zupfen und grob hacken. Das Öl in einer großen Pfanne oder einem hohen Topf erhitzen. Zwiebel, Knoblauch und Chili darin kurz glasig dünsten. Paprika zugeben und 1 Min. dünsten, dann Aubergine und Zucchini, Kräuter und Tomatenmark zugeben. Alles gut durchrühren und mit dem Wasser ablöschen, mit Zucker, Salz und Pfeffer würzen und den Deckel auflegen. Nach 5 Min. umrühren, Gas ausschalten oder den Topf vom Herd nehmen und noch einige Min. nachziehen lassen.

TIPP: Aus den Resten wird am nächsten Tag ein herrlicher Gemüsesalat, oder ihr verwendet die Ratatouille (evtl. püriert) als Crostini-Aufstrich, in Wraps etc. Also macht am besten gleich mehr davon. Statt Tomatenmark und Wasser kann man ½ Dose Pizzatomaten zugeben oder 3 frische, vollreife Tomaten.

MINESTRONE

2 Karotten, 2 Selleriestangen, 1 kleine Zucchini, 2 vorwiegend festkochende Kartoffeln, ½ Zwiebel, 1 Knoblauchzehe, 2 EL Oliven- oder Rapsöl, 2 EL Tomatenmark, ½ TL getrockneter Oregano, ¼ Tasse Basmatireis, 4–6 Tassen Bio-Gemüsebrühe, ¼ Tasse kleine Suppennudeln, ½ Bund Petersilie, Salz, Pfeffer, grünes Pesto und/ oder geriebener Parmesan nach Belieben

Gemüse, Kartoffeln und Zwiebel putzen und klein schneiden, Knoblauch zerdrücken. Zwiebel und Knoblauch mit Öl in einen heißen Topf geben und glasig anschwitzen, dann das Tomatenmark einrühren. Gemüse, Kartoffeln, Oregano und Reis zufügen, dann die Brühe aufgießen. Aufkochen und auf mittlerer Stufe 5 Min. köcheln, die Suppennudeln zugeben und in weiteren 5 Min. bissfest garen. Mit Salz und Pfeffer abschmecken und nach Belieben mit Pesto oder Parmesan verfeinern bzw. diese separat reichen. Die Petersilie zupfen, hacken und über die Suppe streuen. Dazu schmeckt frisches Baguette.

TIPP: Die Gemüsesorten können natürlich variiert werden. So passen etwa Chinakohl, Wirsing oder Weißkohl auch gut in die Suppe. Reis oder Pasta können z. B. durch Graupen ersetzt werden.

POLENTA

4 Tassen Bio-Gemüsebrühe oder heißes, gut gesalzenes Wasser, 1 Tasse Polentagrieß (Schnellkoch-Maisgrieß), 1 Stück Parmesan, 1 EL Butter

Wasser oder Brühe erhitzen. Polentagrieß unter ständigem Rühren langsam zugeben und bei kleiner Flamme ca 10–15 Min. rühren. Dann geriebenen Parmesan und Butter einrühren und servieren. Probiert auch mal, eine Tasse Wasser oder Brühe durch Milch zu ersetzen, das macht die Polenta noch cremiger und samtiger.

PILZ-POLENTA: Bratet im Topf klein geschnittene Pilze mit etwas Zwiebeln und Knoblauch an und rührt dann die Polenta ein.
ROTWEIN-POLENTA: Statt der Tasse Milch eine Tasse Rotwein und etwas klein geschnittenen Radicchio verwenden.
SAFRAN-POLENTA: Kocht ein Tütchen gemahlenen Safran mit.
Trüffelpolenta: Gebt beim Servieren Trüffelöl oder Trüffelbutter dazu.
SÜSSE POLENTA: Statt Brühe oder Salzwasser zwei Tassen Wasser und zwei Tassen Milch verwenden, mit braunem Zucker oder Honig süßen, evtl. etwas Zimt dazu, fertig. Schmeckt super zu Kompott.

TIPP: Reste auf einem Teller oder einem Brett ausstreichen und offen auskühlen lassen. Dann in Stücke schneiden und kurz vor dem Servieren von beiden Seiten in etwas Olivenöl goldbraun anrösten. Diese „Römischen Nocken", die man vor dem Auskühlen auch mit einem Eigelb anrühren kann, sind eine tolle Beilage zu Rindfleisch.

RISOTTO

2 EL Rapsöl, ½ Zwiebel, 1 Knoblauchzehe, 1 Tasse Risotto-Reis (ich empfehle Carnaroli), 600–800 ml Gemüsebrühe, 100 ml Weißwein zum Ablöschen, den Rest der Flasche zum Trinken, Salz, Pfeffer, Butterflocken, falls vorhanden, geriebener Parmesan oder anderer Hartkäse

Das Rapsöl in einen Topf oder eine tiefe Pfanne geben. Zwiebel, Knoblauch und evtl. andere Zutaten wie etwa Spargel darin kurz anschwitzen. Den Reis zugeben und kurz mitschwitzen, dabei umrühren, bis alle Reiskörner fettig glänzen. Je nach Geschmack können entweder Safran, Tomatenmark, Kräuter, Spargel, Pilze, Meeresfrüchte usw. zugegeben werden. Frische Kräuter bitte immer erst ganz zum Schluss unterrühren! Mit Weißwein ablöschen und etwas würzen, die Brühe suppenkellenweise zugießen und jeweils köcheln, bis der Reis die Flüssigkeit vollständig aufgesogen hat. Erst dann die nächste Kelle Brühe zugießen. Zwischendurch rühren oder schwenken. Nach 10–15 Min. (je nach Reissorte) könnt ihr den Kocher bereits komplett ausschalten und den Risotto noch einige weitere Min. mit aufgelegtem Deckel quellen lassen. Am besten gelingt das auf einem hitzebeständigen Untersetzer, damit die gespeicherte Energie im Topf bleibt und nicht in die Unterlage abgeleitet wird. Kurz vor dem Servieren ein paar Butterflocken und geriebenen Parmesan unterheben, nach Wunsch Kräuter zugeben und final mit Salz und Pfeffer abschmecken.

SPINAT-KÄSE-KNÖDEL

1 Zwiebel, 1 Knoblauchzehe, 1 EL Butter, 250 g altbackenes Weißbrot, Semmeln oder Baguette, alternativ 1 Beutel Knödelbrot, 1 Tasse heiße Milch, 2–3 Handvoll frischer Blattspinat, 3 Eier, 150 g Bergkäse oder mittelalter Gouda, gemahlene Muskatnuss, Salz, Pfeffer, ½ Bund Petersilie nach Belieben

In einem ausreichend großen Topf Wasser mit ½ TL Salz für die Knödel erhitzen. Zwiebel und Knoblauch schälen, fein hacken und in einer Pfanne mit Butter anschwitzen. Den Spinat waschen, putzen, grob hacken und kurz in die heiße Zwiebelbutter geben. Das Brot mit der heißen Milch übergießen, etwas quellen lassen, dann die Spinatmischung zugeben und mit Salz, Pfeffer und Muskatnuss würzen. Eier verquirlen, den Käse in Würfel schneiden und alles mit der Brotmischung vermengen. Ist die Masse zu nass, etwas Semmelbrösel zugeben, ist sie zu trocken, etwas Milch. Mit feuchten Händen kleine Knödel formen und in das kochende Salzwasser geben. 5 Min. bei mittlerer Hitze kochen, dann die Hitze reduzieren und noch ca. 10 Min. ziehen lassen. Wenn die Knödel an die Oberfläche steigen und sich von selbst drehen, sind sie fertig. Nach Belieben mit frisch gehackter Petersilie bestreut servieren.

TIPP: Eine Handvoll Semmelbrösel in etwas Butter goldbraun anrösten und über die Knödel geben. Übrig gebliebene Knödel kann man später super in Scheiben schneiden und in der Pfanne braten.

ORIENTALISCHE HIRSEPFANNE MIT GEMÜSE

2 Karotten, 2 kleine Zucchini, ½ Zwiebel, 1 Knoblauchzehe, 2 EL Oliven- oder Rapsöl, ½ TL Kurkuma, ½ TL Ras el-Hanout, 1 Tasse Hirse, 1–2 Tasse Bio-Gemüsebrühe, Datteln oder Rosinen, Schale und Saft von 1 Bio-Orange, ½ Bund Petersilie oder Koriander, Chiliflocken, Salz, Pfeffer

Gemüse und Zwiebel putzen und fein würfeln. Den Knoblauch zerdrücken. Zwiebel und Knoblauch mit dem Öl in einer Pfanne glasig anschwitzen. Kurkuma, Ras el-Hanout und Hirse einstreuen, die Brühe nach und nach zugießen und kochen, bis die Hirse fast gar ist. Erst jetzt die Gemüsewürfel einrühren und noch einige Min. bei mittlerer Hitze weiterköcheln. Nach Belieben geviertelte Datteln oder Rosinen und geriebene Orangenschale samt gepresstem Saft zugeben. Zum Schluss Petersilie oder Koriander zupfen, hacken und unterrühren. Mit Salz, Pfeffer und Chiliflocken abschmecken.

TIPP: Die Gemüsesorten können natürlich ausgetauscht werden, z. B. gegen Kürbis, Lauchzwiebeln, Paprika etc. Und ersetzt die Hirse doch mal mit Quinoa.

ANTIPASTI-GEMÜSE

2 Paprika, 2 kleine Zucchini, 1 Aubergine, 1 Knoblauchzehe, Olivenöl, Salz, Pfeffer, frische Kräuter, z. B. Thymian, Rosmarin, Petersilie, Chili, nach Geschmack

Gemüse putzen und in breite Streifen oder mundgerechte Stücke schneiden. Den Knoblauch fein hacken. Die Kräuter zupfen und grob hacken, aber immer erst nach dem Grillen darüberstreuen.

ZUBEREITUNG MIT GRILL: Entweder alle Zutaten zusammen mit den gemischten Kräutern und Knoblauch in einer Schüssel marinieren und würzen oder z. B. Paprika mit Rosmarin, Zucchini mit Thymian und Aubergine mit Petersilie (nach dem Grillen) würzen. Angrillen und dann in einer Schüssel oder einem tiefen Teller abschmecken, etwas Olivenöl darüberträufeln und ziehen lassen.

ZUBEREITUNG MIT KOCHER: Die verschiedenen Gemüsesorten separat in kleinen Portionen in einer Pfanne braten. Natürlich lassen sich so auch andere Gemüsesorten zubereiten, etwa Kürbis, Karotte, Lauchzwiebeln, Fenchel etc. Und auch beim Würzen könnt ihr kreativ sein.

TIPP: Die Aubergine zusätzlich mit Honig und Ras el-Hanout marinieren und nach dem Grillen mit gehackten Walnusskernen bestreuen. Eventuelle Reste eignen sich als Belag für ein mega-leckeres Sandwich oder als Füllung für Wraps.

BACON-CHEESEBURGER

2 Burger-Buns

Pattys: 300 g Rinderhack, je ½ TL Salz, Pfeffer

Topping: 1 Stück frische Gurke, 1 Tomate, 1 Essiggurke, 2 Scheiben Käse (z. B. Gouda oder Bergkäse), 4 Scheiben Bacon, 2 Blätter Salat, 1 TL Senf, 2 TL Ketchup, 1 TL Majo, optional: frische Kresse, Zwiebelringe

Grill anheizen, Hackfleisch würzen und gut durchkneten. Dann am besten mit feuchten Händen zwei Pattys formen (etwas größer als die Buns, da sie beim Grillen leicht schrumpfen). Gurke und Tomate in Scheiben schneiden. Den Bacon in einer Pfanne kross braten, die Zwiebelringe nach Belieben in dem übrigen Fett glasieren, überm Feuer grillen oder roh lassen. Die Pattys ca. 2–3 Min. angrillen, bis sie schön braun sind, wenden und mit Käse belegen. Buns halbieren und auf den Schnittseiten ebenfalls kurz angrillen. Alle Zutaten auf den Burger geben und genießen.

BIG KAHUNA: 2 EL Soja-oder Teriyaki-Sauce ins Rinderhack geben, beim Grillen Ananasscheiben zwischen den Käse und die Pattys legen.

VEGGIE: Statt Rinderhack Falafel auf den Burger legen (Seite 12).

BIG ITALIAN: Etwas Rosmarin und Knoblauch ins Rinderhack geben, gegrilltes Antipasti-Gemüse (Seite 29) statt Gurkenscheiben, Parmaschinken statt Speck, Taleggio-Käse und als Salat Rucola nehmen.

TAGLIATA – DAS PERFEKTE STEAK

1 Rindersteak à 200–250 g pro Person, Salz, Pfeffer, Olivenöl, Zitronensaft und Kräuter nach Belieben

Die Auswahl des Steaks ist sehr wichtig. Sucht einen guten Metzger und kauft Stücke wie Entrecôte, Porterhouse-, Flank- oder T-Bone-Steak. Große, dicke Steaks ruhig so lassen und später mit einer zweiten Person teilen. Lasst das Fleisch eingepackt und holt es 1–2 Std. vor dem Grillen aus der Kühlbox (aber nicht in die

Sonne), damit es temperieren kann. Holz oder Kohle im Grill so arrangieren, dass ihr in einer Ecke des keine Kohle oder Holz habt und diese als Ruhezone nutzen könnt. Das Fleisch leicht salzen und bei großer Hitze von beiden Seiten angrillen. Dann langsamer grillen und bei Bedarf in die Ruhezone schieben. Mit den „Fingertrick" (siehe unten) könnt ihr testen, wie weit das Fleisch durchgebraten ist. Am besten schmeckt es medium rare oder medium. Wenn roter bis rosa Fleischsaft austritt, das Fleisch noch mal kurz in Alufolie wickeln und 5 Min. in der Ruhezone parken. Auf einem Schneidebrett in Scheiben aufschneiden, gut salzen und pfeffern und nach Geschmack mit Olivenöl beträufeln, Zitronensaft darübergeben sowie gehackte Kräuter darüberstreuen. Dazu passen prima Ratatouille, Polenta, Süßkartoffeln, Folienkartoffeln oder einfach frisches Baguette. Eventuelle Reste sind der Belag für ein mega-leckeres Sandwich am nächsten Tag.

FINGERTRICK ZUM PRÜFEN DER GARSTUFE:

Drückt bei offener, entspannter Hand mit dem Zeigefinger der anderen Hand auf euren Daumenballen. So fühlt sich „rohes Steak" an.

Berührt ohne Druck mit dem Zeigefinger eure Daumenspitze und formt so ein O, prüft wieder mit dem Zeigefinger der anderen Hand. Der Ballen wird etwas härter und entspricht jetzt in etwa einem noch blutigen, also „rare" oder „englisch" gegrilltem Steak.

Mögt ihr das Fleisch „medium rare", haltet Daumen und Mittelfinger zusammen – nun wird der Ballen etwa ebenso fest wie ein rosa bis rot gebratenes Steak. Vergleicht das, indem ihr mit der Grillzange oder dem einem Finger auf das Steak drückt. Wenn es sich genauso anfühlt, könnt ihr es jetzt vom Grill nehmen. Mein Favorit.

Die Garstufe „medium", also schön rosa innen, ohne das es noch blutig ist, könnt ihr mit Daumen und Ringfinger erfühlen. Die meisten werden es genau so essen wollen.

Wenn es ganz durch sein soll oder muss, dann legt den kleinen Finger zum Daumen. Der straffe Ballen gibt gut das Gefühl eines „well done" gebratenen Fleisches wider.

DORSCHFILETS MIT HAFERFLOCKENPANADE

2 Dorschfilets à 150–200 g, 3 EL Mehl, 1 Tasse Haferflocken, 1 Ei, 2 EL Zitronensaft, 2 EL Rapsöl, Paprikapulver, Salz, Pfeffer, 1 TL Butter nach Belieben, Zitronenspalten zum Servieren

Fischfilets flach auf einen Teller legen, in drei weitere tiefe Teller Mehl, Haferflocken und verquirltes Ei (evtl. mit 1 EL Wasser oder Milch verdünnt) geben. Die Fischfilets mit Zitronensaft benetzen und mit Paprika, Salz und Pfeffer würzen. Nun in Mehl wenden und überschüssiges Mehl abklopfen. Anschließend im Ei wälzen. Am besten mit einer Gabel arbeiten, dann bleibt nicht alles an den Fingern kleben. Anschließend den Fisch in die Haferflocken legen, mehrmals wenden und leicht andrücken. Das Öl in einer Pfanne auf mittlerer Stufe erhitzen und den Fisch darin langsam braten. Die Panade sollte goldbraun und der Fisch gar sein. Besonders gut schmeckt es, wenn ihr am Schluss bei geringer Hitze noch 1 TL Butter in der Pfanne aufschäumt und die Filets darin wendet. Mit Zitronenspalten servieren. Dazu schmecken immer Salate, z. B. Gurken- oder Kartoffelsalat.

TIPP: Probiert die Panade mal mit Hähnchen oder anderen Fischfilets, wie Hecht. Auch Halloumi, Feta oder Knollensellerie (in dünnen Scheiben) lassen sich panieren und braten.

FEUERTONNEN-KASFONDUE

je 200 g Greyerzer und Emmentaler (alternativ Gouda und Bergkäse), 1 Glas Weißwein, etwas geriebene Muskatnuss, weißer Pfeffer oder gemahlener Cayennepfeffer, optional: 1 Knoblauchzehe zum Ausreiben des Topfes, 1 Schnapsglas Obstbrand, ½ dunkles Bauernbrot oder 1 knusprig gebackenes Weißbrot

Käse grob reiben oder gleich im Geschäft reiben lassen. Brot in mundgerechte Stücke schneiden. Die Hälfte des Weins im Topf erhitzen, Käse zugeben und unter ständigem Rühren schmelzen. Nach und nach den restlichen Wein zugeben. Gewürze und Schnaps, falls verwendet, einrühren. Der Käse sollte nicht so heiß sein, dass man sich die Zunge daran verbrennt. Je ein Brotstück auf eine Gabel oder – noch besser – einen spitz geschnitzten, dünnen Stecken aufspießen, in die Käsemasse tauchen und dabei drehen.

FLADENBROT VOM STEIN

2 Tassen Weizenmehl Type 550 oder Dinkel- oder helles Vollkornmehl, ½ TL Salz, 1 EL Raps- oder Olivenöl, ½ Tasse Wasser, 2 EL zerlassene Butter

Mehl und Salz in eine Schüssel geben, Öl und Wasser nach und nach zugeben und einen geschmeidigen Teig daraus kneten. Abdecken und ca. 15 Min. ruhen lassen. Aus dem Teig eine Rolle formen, diese in 10–12 Portionen teilen und leicht mit Mehl bestäuben. Aus jeder Portion einen flachen, handgroßen Fladen ausrollen. Das geht zur Not auch mit einer Weinflasche. Einen flachen Stein im Lagerfeuer erhitzen und dann an den Rand der Feuerstelle ziehen. Die Fladen darauf von beiden Seiten kurz backen. Natürlich geht das auch in einer Pfanne, am besten in einer aus Gusseisen. Nach dem Backen die Fladen auf beiden Seiten ganz dünn mit Butter bestreichen und auf einem Teller stapeln. Ich liebe einfach die Dips von Seite 13/14 dazu. Mit den Hähnchenspießen oder Kebabs ergeben die Fladen ein total leckeres, einfaches und doch besonderes Outdoor-Essen.

HÄHNCHEN-SATAY

2 kleine Hähnchenbrustfilets, 1 Knoblauchzehe, 1 kleines Stück Ingwer, 1 kleiner Chili, 1 EL Honig, 2 EL Sojasauce, Saft von ½ Limette, Salz, Pfeffer, Erdnusssauce zum Servieren

Hähnchenbrustfilets der Länge nach in dünne Streifen schneiden. In einer Schüssel die Marinade vorbereiten: Knoblauch, Ingwer und Chili fein hacken und mit den flüssigen Zutaten verrühren. Mit Salz und Pfeffer würzen. Die Hähnchenstreifen in die Marinade legen und gut mischen. Am besten ein paar Stunden oder über Nacht gekühlt ziehen lassen. Jetzt je einen Streifen Hähnchen in Schlangenlinien auf einen gewässerten Holzspieß auffädeln, dabei das untere Drittel freilassen. Bei mittlerer Hitze am Rand grillen, bis das Fleisch dunkelbraun ist.

ADANA KEBAP

1-2 Knoblauchzehen, 1 Zwiebel, 300 g Rinderhackfleisch, 1 TL Paprikapulver, 1 TL gemahlener Kreuzkümmel oder Ras el-Hanout, Salz, Pfeffer, Chilipulver, 2 TL frisch gehackter Thymian nach Belieben, 1 Fladenbrot und Joghurt-Dip (Seite 14) zum Servieren

Knoblauch und Zwiebel fein würfeln und mit Hackfleisch und den Gewürzen gut vermischen. Die Masse vierteln und in der Dicke einer Wiener Wurst auf vier lange, frische Haselruten, andere Stecken oder Metall-Grillspieße drücken und grillen. Mit Fladenbrot und Joghurt-Dip servieren.

LAMM-SCHAWARMA

300 g Lammrücken, ausgelöst, Hummus- oder Joghurt-Dip (Seite 13/14), 2 große Tortilla-Fladen oder1 Pita-Brot zum Servieren

Marinade: 3 EL Joghurt, 2 EL Olivenöl, ½ TL gemahlener Kreuzkümmel, 1 fein gehackte Knoblauchzehe, 1 fein gehackter kleiner Chili,1 Msp. Zimt, Saft von ½ Zitrone

Topping: 2 Stängel Petersilie, ½ Gurke, 1 Tomate, 1 kleine Zwiebel, Salz, Pfeffer

Für die Marinade alle Zutaten verrühren und z. B. in einen Gefrierbeutel geben. Die Lammschulter darin - am besten über Nacht - gekühlt marinieren. Tomate und Gurke in Würfel schneiden, die Zwiebel in dünne Ringe, die Petersilie grob hacken. Das abgetropfte Lammfleisch scharf angrillen und dann langsam ca. 5 Min. je Seite am Rand des Grills weitergaren. Das Fleisch zwischendurch nochmals mit der Marinade aus der Tüte bestreichen und dann in dünne Streifen schneiden. Tortillas oder Pita von beiden Seiten kurz auf dem Grill erhitzen. Die Lammstreifen nach Belieben nachsalzen und pfeffern und mit den anderen Zutaten sowie dem Dip auf den Tortillas verteilen und wie einen Wrap rollen bzw. das Pita-Brot halbieren und füllen.

GEBRATENE SÜSSKARTOFFELN MIT SPARGEL

2–3 Süßkartoffeln, 1 kleiner Bund weißer oder grüner Spargel, ½ Bund Frühlingszwiebeln, ½ Bund Petersilie oder Koriander, 4 EL Olivenöl, Salz, Pfeffer, Chilipulver, 1 Knoblauchzehe und Saft von ½ Zitrone nach Belieben

Süßkartoffeln schälen und in dünne Scheiben schneiden. Den Spargel schälen (weißen Spargel zu zwei Dritteln, bei grünem nur das untere Viertel) und in ca. 4 cm lange Stücke schneiden. Frühlingszwiebeln in feine Ringe schneiden, die Kräuter hacken. Öl und Gewürze mit dem fein gehackten Knoblauch und dem Zitronensaft, falls verwendet, verrühren und das Gemüse darin marinieren. Jetzt entweder langsam grillen oder erst die Süßkartoffelscheiben und dann den Spargel in einer Pfanne anbraten. Zum Servieren die Kräuter einrühren und Frühlingszwiebelringe darüberstreuen. Dazu passt super der Joghurt-Dip (Rezept Seite 14).

FOLIENKARTOFFELN MIT KRÄUTERQUARK

4 große, vorwiegend festkochende Kartoffeln, 2 EL Olivenöl, 2 Knoblauchzehen, 250 g Quark (Magerstufe), 250 g Quark (20 %), ½ Tasse Milch, frische Kräuter, Salz, Pfeffer, Chili- oder Paprikapulver zum Bestäuben

Die Kartoffeln waschen und abbürsten, jedenfalls nicht schälen, und auf ein Stück Alufolie legen. Mit dem Olivenöl beträufeln und rundum kräftig salzen, dann fest in die Folie wickeln. Den Quark in einer Schüssel mit so viel Milch verrühren, dass er eine cremig weiche, aber nicht zu flüssige Konsistenz bekommt. Mit Salz und Pfeffer abschmecken. Den Knoblauch fein hacken und einrühren. Die Kräuter zupfen, grob hacken und ebenfalls einrühren. Chili- oder Paprikapulver darüberstreuen. Die Kartoffeln am besten am Rand des Lagerfeuers oder in der Ruhezone vom Kohlegrill ca. 1 Stunde grillen. Wenn die Kartoffeln vorgekocht sind, reduziert sich die Grillzeit auf 20–30 Min. Mit einem Messer oder einem Holzspieß die Garprobe machen. Mit dem Kräuterquark servieren. Statt Kartoffeln lassen sich auch Gemüsesorten, wie große Stücke Kürbis, ganze Rote Bete (ungeschält) oder ganzer Fenchel in Folie grillen.

GEMÜSE-FETA-PÄCKCHEN

2 Paprika oder Spitzpaprika, 2 Zucchini, 1 EL Olivenöl, 150 g Feta, frische Kräuter (z. B. Rosmarin, Thymian), Salz, Pfeffer, 1 Chili nach Belieben

Paprika und Zucchini putzen und in Ringe, Scheiben oder Streifen schneiden, dann auf ein Stück Alufolie legen. Mit dem Olivenöl beträufeln und mit Salz und Pfeffer würzen. Den Feta grob zerbröseln und über dem Gemüse verteilen. Zuletzt die Kräuter und den in Ringe geschnittenen frischen Chili, falls verwendet, zugeben. Das Ganze mit der Folie zu einem Päckchen wickeln. Am besten am Rand vom Lagerfeuer oder in der Ruhezone des Kohlegrills ca. 15 Min. grillen. Mit einem Messer oder Spieß die Garprobe machen. Statt Paprika und Zucchini eignen sich auch andere Gemüse wie Pilze, Lauchzwiebeln, Auberginen etc.

TIPP: Wenn ich von meinem selbst gemachten Pesto etwas im Bus dabei habe, mariniere ich den Feta vor dem Grillen damit.

MEDITERRANER HÄHNCHENSCHMORTOPF

1 Paprika, 1 Zucchini, 2 große Hähnchenkeulen, 1 Zwiebel, 1 milde Peperoni (alternativ ½ TL Chilipulver), 2 Knoblauchzehen, 4 EL Olivenöl, 4 vorwiegend festkochende Kartoffeln, 1 Dose gehackte Tomaten, 100 ml Wein, Safranpulver oder Kurkuma, 1 kleine Dose Oliven (70–100 g Abtropfgewicht), 1 Handvoll frische Kräuter, Paprikapulver, Salz, Pfeffer

Paprika und Zucchini putzen und in mundgerechte Stücke schneiden. Die Hähnchenkeulen mit Salz, Pfeffer und Paprika kräftig würzen. Zwiebel in kleine Würfel schneiden, Peperoni und Knoblauch fein hacken. Im vorgeheizten Dutch Oven oder in einem großen Topf die Keulen rundum im Olivenöl anbraten, dann aus dem Topf nehmen. Nun Zwiebel, Knoblauch und Chili in dem gleichen Öl andünsten und die Gemüsestücke zugeben. Kartoffeln schälen und vierteln. Tomaten und den Wein, falls verwendet, angießen, Gewürze zugeben, gut umrühren. Die Hähnchenkeulen mit den Kartoffeln in den Topf geben und bei aufliegendem Deckel am Rand des Feuers oder auf kleiner Flamme einmal aufkochen und dann ca. 45 Min. schmoren (die Flüssigkeit sollte minimal sprudeln). 15 Min. vor Ende der Garzeit die abgetropften Oliven zugeben. Die Kräuter hacken und 2 Min. vor Ende der Garzeit einrühren und mit Salz und Pfeffer abschmecken. Schmeckt am besten mit frischem Baguette und einem Glas Wein.

TIPP: Eventuelle Reste ergeben einen sehr leckeren Nudel-Sugo. Dafür Hähnchenfleisch vom Knochen lösen und klein schneiden oder zupfen und wieder in die Sauce geben.

GANZER FISCH VOM GRILL

1–2 Fische, je nach Größe, ½ Bio-Zitrone, 1 TL Butter, ½ Bund Petersilie oder Thymian oder Rosmarin, 1 TL Olivenöl, Salz, Pfeffer, 1 Knoblauchzehe nach Belieben

Die Fische gründlich auswaschen und trocken tupfen. In der Bauchhöhle kräftig mit Pfeffer und Salz würzen. Die Zitrone in Spalten schneiden und leicht über dem Fisch mit der Hand auspressen, dann mit Butter und Kräutern in den Bauchraum füllen. Knoblauch, falls verwendet, mit einem Messer samt Schale flach drücken, halbieren und ebenfalls in den Bauchraum legen. Den Fisch außen kurz vor dem Grillen mit Olivenöl bestreichen, pfeffern und salzen. Es gibt spezielle Grillkörbchen für Fische, in die ihr den Fisch legen könnt. So fällt nichts von der Füllung heraus, der Fisch ist leicht zu wenden und kann nicht auseinanderfallen. So ein Körbchen ist darum immer meine erste Wahl! Habt ihr nur einen Rost, dann schließt die Bauchhöhle am besten mit einem Zahnstocher oder Stöckchen und legt den Fisch vorsichtig auf. Die dritte Möglichkeit ist, den Fisch in feste Alufolie zu wickeln, dann braucht ihr im Grunde nicht einmal einen Grillrost. Wichtig ist in jedem Fall: Nie zu heiß grillen bzw. mit genügend Abstand. Sonst verbrennt der Fisch außen und bleibt innen roh. Achtet auch darauf, ihn nicht zu lange auf dem Grill zu lassen, sonst wird er trocken. Frischer Fisch darf ruhig noch leicht glasig sein. So braucht eine kleine Forelle oder Dorade insgesamt nur etwa 15 Min. auf dem Grill.

TRICK: Wenn sich die Rückenflosse leicht herausziehen lässt, ist der Fisch gar.

SALTIMBOCCA

4 kleine dünne Kalbsschnitzel, 8 Salbeiblätter, 4 Scheiben roher Schinken, Salz, Pfeffer

Schnitzel flach auf einem Teller auslegen, Salbeiblätter darauf verteilen, mit Schinken abdecken und leicht andrücken. Sparsam würzen (der Schinken ist schon salzig) und immer auf der Schinkenseite anbraten oder angrillen. So wird das zarte Fleisch vor dem Austrocknen geschützt. Für die letzten Sekunden wenden und kurz von der Fleischseite braten oder grillen. Wenn ihr die Schnitzel in einer Pfanne zubereitet, könnt ihr auch eine Butterflocke dazugeben. Wer Zahnstocher dabei hat, kann die Zutaten damit fixieren. Dazu passt immer Risotto, Pasta, Salat und auch die schnelle Ratatouille (Seite 24).

Als vegetarische Variante lege ich den Salbei auf eine Feta-Scheibe oder Halloumi, mit etwas Paprikapulver würzen. Als Schinkenersatz dient eine sehr dünn geschnittene Scheibe Aubergine.

OSSOBUCO MIT GREMOLATA

2 Karotten, ¼ Knollensellerie oder eine Selleriestange, 1 Zwiebel, 2 Knoblauchzehen, 2 große Beinscheiben mit Knochen à 350–400 g vom Rind oder Kalb, 2 EL Mehl, 3 EL Rapsöl, 1–2 EL Tomatenmark, 250 ml Bio-Gemüsebrühe oder Rinderfond, 200 ml Rot- oder Weißwein, 1 Dose gehackte Tomaten, je 2 EL frischer Rosmarin und Thymian, Salz, Pfeffer
Gremolata: 1 Knoblauchzehe, 1 Bio-Zitrone, ½ Bund Petersilie

Karotten, Sellerie und Zwiebel putzen und würfeln, den Knoblauch fein hacken. Die Beinscheiben mit Salz und Pfeffer würzen, in Mehl wenden und mit Öl im heißen Dutch Oven oder einem großen Topf rundum gut anbraten. Das Fleisch herausnehmen, aber den Topf nicht auswaschen. Das Gemüse im Bratfett rösten und das Tomatenmark zugeben. Die Brühe und den Wein angießen. Die gehackten Tomaten zufügen. Kräftig abschmecken und gut umrühren, vor allem am Topfboden. Das Fleisch nun auf das Gemüse legen und zugedeckt am Feuerrand oder auf kleiner

Flamme 1½ Stunden schmoren lassen. Wenn das Fleisch fast vom Knochen fällt und schön mürbe ist. Rosmarin und Thymian fein hacken und einrühren. Nach Wunsch verbliebene Stückchen in der Sauce mit einer Gabel zerdrücken. Für die Gremolata die Knoblauchzehe abziehen und sehr fein würfeln. Die Zitronen heiß abwaschen und die Schale abreiben. Die Petersilienblätter abzupfen und fein hacken. Alle Zutaten mischen.

STOCKBROT

150 g Quark, 3 EL Milch, 5 EL Rapsöl, 1 Ei, 300 g (ca. 2 Tassen) Mehl, 3 TL Backpulver, ¼ TL Salz, gehackter Rosmarin, Pesto etc. nach Belieben

Zuerst die feuchten Zutaten Quark, Milch, Öl und Ei gut verrühren, dann Mehl, Backpulver und Salz einrühren und zu einem geschmeidigen Teig verarbeiten. Nach Belieben Rosmarin in den Teig kneten. Er hält sich gekühlt mehrere Tage. Ein Stückchen Teig zwischen den Fingern zu einer langen Wurst ziehen und rollen und dann spiralförmig um das obere Ende eines ca. 1 Meter langen Stocks wickeln. Vorsichtig am Rand des Lagerfeuers oder über der Glut backen und dabei den Stock langsam drehen, bis es außen goldbraun ist. Pur oder zu Gegrilltem essen, mit Pesto bestreichen oder mit einem Dip (Seite 13/14) genießen. Ergibt 6–8 Brote.
Süße Variante: Statt Salz einfach Zimt und Zucker in den Teig rühren.

STECKERLFISCH

2 frische Fische à 200–250 g, z. B. Forelle oder Makrele
Marinade: ½ Bio-Zitrone, 6 EL Olivenöl, 1 Knoblauchzehe, je 1 Zweig Rosmarin, Thymian und Oregano, etwas Chilipulver, Salz, Pfeffer, 1 Msp. Paprikapulve

Für die Marinade die Zitrone heiß abwaschen und die Schale abreiben, dann den Saft auspressen. Schale und Saft mit dem Öl vermischen. Knoblauch schälen und fein hacken oder reiben und zugeben. Die Blättchen von den Kräuterstielen zupfen, hacken und in die Marinade rühren. Mit Salz, Pfeffer, Chili und nach Belieben mit Paprikapulver würzen. Die Fische gründlich waschen und mit Küchenpapier trocken tupfen. Die Fische innen und außen mit der Marinade bestreichen, am besten schon am Vortag oder gleich morgens nach dem Einkauf auf dem Markt, dann aber im Kühlschrank lagern! Zum Grillen den Fisch auf einen frischen und entrindeten Hasel- oder Weidenzweig von etwa 60 cm Länge spießen. Alternativ tut's auch ein langer (!) Grillspieß aus Metall. Den Fisch über der vorher angeheizten Glut oder am Rand des Lagerfeuers langsam schön knusprig grillen und dabei öfter drehen. Vorsicht vor zu viel Hitze, sonst ist er außen schwarz und innen noch roh. Falls erforderlich, zwischendurch mit Marinade bepinseln. Wenn sich die Flossen an Bauch oder Rücken leicht herauszupfen lassen, ist der Fisch gar. Mit einem herzhaften Brot oder einer Brezen genießen. Kartoffelsalat oder grüner Salat passt auch perfekt dazu.

POPCORN SÜSS UND SALZIG

¼ Tasse Popcorn-Mais, 2 EL Rapsöl, 2 EL Zucker oder ¼ TL Salz

Den Dutch Oven oder einen großen Topf gut heiß werden lassen. Den Topf von der Hitzequelle nehmen, das Öl und wahlweise Salz oder Zucker darin erhitzen, den Mais einstreuen, sehr kurz umrühren und sofort den Deckel auflegen. Zurück auf die Flamme stellen. Zwischendurch den geschlossenen Topf rütteln. Wenn ihr den Mais nicht mehr poppen hört, das fertige Popcorn in eine Schüssel füllen und kurz ausdampfen lassen, so bleibt es schön knusprig.

BRATAPFEL MIT DÖRROBSTFÜLLUNG

4 säuerliche Äpfel, 2 EL Mandelsplitter, 2 EL Honig, 4 EL grob gehacktes Dörrobst nach Wahl, ½ TL Zimt, 2 TL Rum und 1 TL Butter nach Belieben

Die Äpfel waschen und am Stiel einen ca. 2 cm dicken „Deckel“ abschneiden. Mit einem Messer oder einem Apfelausstecher das Kerngehäuse entfernen, dabei nicht bis ganz unten durchstechen. Die Mandelsplitter leicht anrösten und mit den übrigen Zutaten mischen. Optional Rum zugeben. Die Mischung in die ausgehöhlten Äpfel drücken, nach Geschmack eine Butterflocke daraufgeben und die Deckel auflegen. Die Äpfel in Alufolie wickeln und 15–20 Min. bei nicht zu starker Hitze am Rand grillen. Die Füllung könnt ihr nach Belieben variieren. Bratäpfel sind nicht nur ein gesundes Dessert, sie passen auch als Beilage zu Wild oder Geflügel.

PFIRSICHPÄCKCHEN MIT AMARETTINI-FÜLLUNG

1 EL gehackte Mandeln, 2 reife, aber nicht zu weiche Pfirsiche, 2 EL Amarettini, 1 EL Honig, 1 EL Rum nach Belieben

Mandeln leicht rösten, Pfirsiche halbieren und entsteinen. Pfirsichhälften mit Honig und nach Belieben mit Rum beträufeln. Die Amarettini grob zerbröseln und mit den Mandeln mischen, dann in die Pfirsiche füllen. Jede Hälfte einzeln in Alufolie packen und mit der runden Seite nach unten ca. 10 Min. grillen.

GEGRILLTE PFIRSICHE MIT ROSMARIN & HONIG

2 reife, aber nicht zu weiche Pfirsiche, 1 kleiner Rosmarinzweig, 3 EL Honig, 2 EL Pinienkerne, 1 Becher Naturjoghurt, gekühlt

Pfirsiche halbieren und entsteinen. Rosmarin abzupfen, fein hacken und mit 2 EL Honig verrühren. Die Pfirsiche mit der Schnittfläche nach unten ca. 10 Min. in der Honigmischung ziehen lassen. Währenddessen Pinienkerne in einer Pfanne leicht anrösten. Den Joghurt mit dem verbliebenen EL Honig glatt rühren. Pfirsichhälften abtropfen lassen und von jeder Seite ca. 2 Min. auf Alufolie grillen. Mit der Schnittfläche nach oben auf Teller legen, mit der Honigmischung beträufeln und mit den Pinienkernen bestreuen. Dazu den am besten gekühlten Joghurt servieren.

GEGRILLTE SCHOKOBANANEN

2 reife, aber nicht zu weiche Bananen, 2 Riegel Zartbitterschokolade (Tafelware)

Von den Bananen nur einen ca. 3 cm breiten Streifen Schale abziehen. Mit einem Messer das Bananeninnere in 3–4 cm breite Stücke schneiden, dabei die verbliebene Schale möglichst nicht verletzen. Zwischen die Bananenscheiben je ein Stückchen Schokolade drücken. Die Bananen in Alufolie wickeln und mit der geschälten Seite nach oben ca. 10 Min. grillen.

CAMPING-TIRAMISU

200 g Mascarpone, ca. 4 EL Milch, 2 EL brauner Zucker, ½ Bio-Zitrone, 8 Löffelbiskuits, 2 Espressi, Kakaopulver

Mascarpone, Milch und Zucker glatt rühren. Die Zitrone heiß abwaschen und die Schale fein abreiben. Die Zitrone auspressen, dann Schale und Saft unter die Creme rühren. Die Hälfte der (je nach Form zerkleinerten) Löffelbiskuits kurz in Espresso tauchen und mit der Zuckerseite nach unten auf zwei große runde Gläser oder Dessertschalen verteilen. Die Hälfte der Creme auf die beiden Portionen verteilen und verstreichen. Eine weitere Lage der in Kaffee getränkten Löffelbiskuits einschichten, dann die restliche Creme darauf verteilen und verstreichen. Mindestens 30 Min. gekühlt durchziehen lassen und dann mit Kakaopulver bestreut servieren. Ihr könnt das gesamte Rezept auch in einer Frischhaltedose zubereiten und dann portionieren.

SCHICHTDESSERT MIT CANTUCCINI

Ergibt ca. 4 Gläser

200 g Mascarpone, 200 g Naturjoghurt, 1 Tütchen Vanillezucker, 1 EL Schokoladenraspel, 1 Tasse frische Beeren nach Wahl, ca. 16 Cantuccini, ½ Glas Orangensaft, 1–2 EL Amaretto

Mascarpone, Joghurt und Vanillezucker verrühren. Die Schokoraspel untermischen. Cantuccini in Stücke brechen oder in einem Gefrierbeutel mit z. B. einem Stein grob zerbröseln. Cantuccini-Brösel mit Orangensaft (und Amaretto, falls verwendet) übergießen, Beeren und ca. 2 EL Mascarponecreme schichtweise in Gläschen füllen, Reihenfolge wiederholen und eine zweite Schicht einfüllen, zum Schluss mit der restlichen Creme und ein paar Beeren garnieren. Zum Schluss die Creme nach Belieben mit Schokoraspel bestreuen und mit zusätzlichen Beeren dekorieren.

TIPP: Wenn ihr keine Cantuccini habt, könnt ihr stattdessen auch andere trockene Kekse, z. B. Butterkekse oder Amarettini, verwenden. Mascarpone kann durch Quark ersetzt werden, eventuell dann mit 2 EL Milch oder Sahne verrühren. Statt Beeren könnt ihr auch Obststückchen nach Wahl einsetzen.

SWEET COUSCOUS MIT GETROCKNETEN APRIKOSEN

4 Datteln ohne Stein, 4 getrocknete Soft-Aprikosen, 2 EL Rosinen, 1 Tasse Instant-Couscous, 1 Prise Salz, 1 EL Butter, 2 EL Orangensaft, ½ TL Zimt, 2 EL Honig, 2 EL Mandelblättchen

Datteln und Aprikosen fein würfeln, dann mit den Rosinen und dem Couscous mischen. Mit kochendem Wasser gemäß Packungsanleitung übergießen. 1 Prise Salz hinzufügen, die Butter unterrühren und das Ganze 5–10 Min. quellen lassen. Orangensaft, Zimt und Honig unterrühren. Mit in der Pfanne angerösteten Mandelblättchen bestreut servieren.

TIPP: Dieses fruchtige Couscous schmeckt nicht nur als Dessert, sondern auch als Beilage zu den Kebap-Spießen (Seite 34), zu gegrilltem Lamm oder Huhn. Für diese Variante etwas mehr Salz, aber nur 1 EL Honig nehmen.

GRIESSBREI

2½ Tassen Milch (ca. 500 ml), 3 EL brauner Zucker (alternativ Honig oder Agavendicksaft), 5 EL Grieß

Die Milch mit dem Zucker unter Rühren kurz aufkochen, dann den Grieß einrieseln lassen, dabei weiterrühren. Auf kleiner Flamme kurz kochen lassen, anschließend von der Hitzequelle nehmen und noch 5 Min. quellen lassen. Gelegentlich umrühren.

TIPP: Zum Verfeinern mit Zimt-Zucker-Mischung bestreuen, 1 Löffelchen Nutella in den Brei rühren und mit Bananenscheiben belegen, 1 EL Konfitüre nach Wahl als Topping, mit Chai-Sirup beträufeln und mit gehackten Nüssen bestreuen oder auch reichlich frische Erdbeeren dazu reichen.

REISDESSERT AUF MANGO-MINZ-TATAR

1 Dose Kokosmilch, ½ Tasse Wasser, 1 Prise Salz, 1 Tasse Milchreis, 2 EL brauner Zucker oder Honig, 2 EL Kokosraspel, 1 Mango, 1 Stängel Minze, 1 Limette, ½ fein geriebene Tonka-Bohne oder das Mark von ½ Vanilleschote nach Belieben

Kokosmilch, Wasser, Salz und Reis in einen Topf geben und kurz aufkochen. Anschließend unter gelegentlichem Rühren bei minimaler Hitze ca. 25 Min. quellen lassen. Zucker und Kokosraspel sowie die geriebene Tonkabohne oder das Vanillemark, falls verwendet, unterrühren und das Ganze abkühlen lassen. Währenddessen die Mango schälen und fein würfeln. Minzeblättchen abzupfen und in feine Streifen schneiden, ein wenig zum Dekorieren beiseitestellen. Die Limette auspressen. Mango mit Minze und Limettensaft vermischen und kurz ziehen lassen. Das Tatar kreisförmig auf kleine Teller oder in Schalen geben und den Milchreis darauf anrichten. Mit Minze garniert servieren.

KAISERSCHMARRN

¾ Tasse Mehl, 2 Tassen Milch, 2–3 Eier, 1 Päckchen Vanillezucker, 4 EL Zucker, abgeriebene Schale von ½ Bio-Orange oder Zitrone, 4 EL Rosinen, 2 EL Rum, 1 Prise Salz, 1 EL neutrales Pflanzenöl, 2 EL Butter, 1 EL Puderzucker, Mandelsplitter oder gehobelte Nüsse nach Belieben

Für die ganz einfache, königliche Variante rührt ihr aus den vorhandenen Zutaten einen Pfannenkuchenteig. Dazu rührt ihr das Mehl mit etwas Milch glatt, gebt dann die restliche Milch und die Eier komplett dazu. Alles andere funktioniert dann wie beim Kaiserschmarrn.

Für den Kaiserschmarrn die Eier trennen. Das Mehl in einer Schüssel mit etwas Milch glatt rühren. So klumpt das Mehl nicht. Restliche Milch, Eigelb, Vanillezucker, 1 EL Zucker, Zitrusschale und Rumrosinen (siehe unten) einrühren. Eiweiß in einer zweiten Schüssel mit der Prise Salz und 1 EL Zucker steif schlagen. Das geht entweder mit etwas Einsatz mit einem Schneebesen oder mit einem mechanischen

Handquirl. Jetzt den Eischnee vorsichtig unter den Teig heben und mit dem Öl und 1 EL Butter vorsichtig bei geringer Hitze backen. Wenn die untere Seite goldbraun ist, teilt den Teig in Viertel. Dabei ist es egal, ob er oben noch flüssig ist. Nun wendet die Viertel und backt die andere Seite. Zerreißt die Viertel mit zwei Holzlöffeln in mundgerechte Stücke, gebt die restliche Butter und den restlichen Zucker dazu und karamellisiert den Schmarrn bei mittlerer Hitze. Röstet am Schluss die Mandelsplitter mit und bestäubt den Kaiserschmarrn zum Anrichten mit etwas Puderzucker. Dazu schmecken immer Preiselbeeren oder Zwetschgenröster, zu Hause unbedingt auch einmal Vanilleeis dazu probieren.

Variante: Apfel- oder Birnenschmarrn. Dazu einfach das klein geschnittene Obst mit dem Teig zusammen backen.

PANCAKES MIT SOURCREAM-TOPPING

Pancakes: 1 Tasse Mehl, 1 EL Zucker, ½ Päckchen Backpulver, 1 Prise Salz, 1 Ei, ¾ Tasse Milch, 2 EL Öl
Topping: ½ Bio-Orange, 1 Becher saure Sahne, 1 EL Honig, Agavendicksaft oder Ahornsirup

Zuerst die trockenen Zutaten Mehl, Zucker, Backpulver, Salz in einer Schüssel vermischen. Dann Ei, Milch, Öl in einer separaten Schüssel vermischen und über die Mehlmischung gießen. Alles zügig zu einem glatten Teig verrühren. In einer Pfanne etwas Öl erhitzen und je 2 EL Teig in die Pfanne geben. Wenn die Unterseite der Pancakes leicht braun wird, wenden und kurz fertig braten. Für das Topping die Schale der Orange fein abreiben und mit saurer Sahne und Honig verrühren. Zu den Pancakes reichen.

EXPRESS-ERDBEERQUARK

250 g Quark (20 %), 3 EL Milch, 1 Päckchen Vanillezucker, 250 g frische Erdbeeren, 2 EL Honig oder brauner Zucker, frische Minzeblättchen und 1 EL Zitronensaft

Den Quark mit Milch und Vanillezucker glatt rühren. Die Erdbeeren putzen, in Stücke schneiden und mit Honig oder Zucker süßen. Behutsam unter die Quarkmasse heben. Nach Belieben mit Minze und Zitronensaft verfeinern.

SÜDTIROLER BEEREN-KRAPFERL

200 g altbackenes Weißbrot oder Semmeln, 500 ml Milch, 2 Eier, 1 ½ Tassen (150 g) Mehl, 100 g Heidelbeeren und/oder Johannisbeeren, Öl zum Ausbacken (z. B. Erdnussöl), Puderzucker zum Bestreuen

Brot grob in Stücke schneiden und in einem Topf mit der gut lauwarmen Milch mischen. 10 Min. quellen lassen. Eier in einer Rührschüssel verquirlen. Brot etwas ausdrücken und dazugeben. Mehl unterrühren und schließlich die Beeren zufügen. Vorsichtig zu einem gleichmäßigen Teig verarbeiten, ohne die Beeren komplett zu zerdrücken. Einen Topf etwa zwei Finger hoch mit Öl füllen und erhitzen (Vorsicht, heiß und kann spritzen!). Den Teig löffelweise darin goldbraun ausbacken. Die goldbraunen Krapfen auf Küchenpapier legen, um überschüssiges Öl aufzusaugen. Mit reichlich Puderzucker bestäuben und noch warm genießen.

Variante: Probiert unbedingt auch einmal Stücke von Steinobst oder grob geschnittene Hollerblüten in den Krapfen!

CHAI LATTE

2 Tassen Milch, 6 EL Chai-Sirup

Die Milch vorsichtig erwärmen, bis ihr gerade noch den Finger hineinhalten könnt. Sie darf nicht kochen! Jetzt mit einem Schneebesen, Milchaufschäumer-Quirl oder -Topf schön luftig aufschäumen. In zwei Becher oder hohe Gläser je 3 EL Chai-Sirup geben und mit dem Milchschaum aufgießen. Wenn ihr es etwas kräftiger mögt, könnt ihr noch je einen Espresso dazugießen.

WADLVIERERICHTER

20 ml Limettensirup, 20 ml Zitronensaft, 60 ml Maracujasaft, ½ l alkoholfreies Weißbier

Sirup und Säfte verrühren und in einem Krug mit dem Weißbier aufgießen.

TIPP: Wer keinen Limettensirup hat, rührt ½ TL braunen Zucker in ein Schnapsglas Limettensaft.

INGWERBIER

100 ml Ingwersirup, 700 ml Mineralwasser mit Kohlensäure, 4 Scheiben Bio-Zitrone

Eiswürfel, falls verfügbar, in vier Gläser geben und Sirup mit Wasser aufgießen. Mit Zitrone garnieren.

Variante: 700 ml Mineralwasser, 4 EL brauner Zucker, 1 daumengroßes Stück Ingwer, 1 Bio-Zitrone, 1 Bio-Orange, ¼ TL Trockenhefe

Wasser und Zucker aufkochen. Den Ingwer hineinreiben. Die Zitrusfrüchte heiß abwaschen. Von der Orange die Schale abreiben und zugeben, Zitrone und Orange auspressen und ebenfalls zugeben. Auf lauwarm abkühlen lassen, dann die Hefe einrühren. In eine 1-l-Flasche füllen, aber nicht verschließen. Ca. 2 Tage bei Zimmertemperatur gären lassen, dann abseihen, kühl stellen und genießen.

APFELPUNSCH

1 Bio-Zitrone, 20 g Ingwerwurzel, 2 Gewürznelken, 500 ml Apfelsaft, 1 TL brauner Zucker, 1 Zimtstange oder ¼ TL Zimtpulver, Mark von ½ Vanilleschote

Die Zitrone heiß abwaschen und die Schale mit einem Sparschäler oder Zestenreißer dünn abschneiden, die Zitrone durchschneiden und eine Hälfte auspressen. Den Ingwer schälen und hacken, die Nelken grob zerdrücken. Zitronenschale, Saft, Zucker und Gewürze langsam erwärmen und rühren, bis der Zucker sich gelöst hat. Den Zitronensaft einrühren. Den Punsch durch ein feines Sieb gießen und heiß servieren.

TIPP: Wer den Punsch aufpeppen möchte, gibt zusätzlich etwas Amaretto oder Calvados dazu.

BUS-BOWLE

4 weiche Nektarinen (alternativ 1 Schale Himbeeren), ¼ kleine Wassermelone, 2 EL brauner Zucker, 1 Glas Orangensaft, 1 Flasche leichter und möglichst kalter Rosé

Die Nektarinen waschen und würfeln, die Wassermelone (möglichst ohne Kerne) ebenfalls würfeln, dann beides mit Zucker und Orangensaft vermischt ziehen lassen. Kurz vor dem Servieren den kalten Wein aufgießen.

PINK GRAPEFRUIT LEMONADE

2 Gläser frisch gepresster Grapefruitsaft, ½ Glas frisch gepresster Zitronensaft, 3 EL brauner Zucker, 2 Gläser Mineralwasser mit Kohlensäure, Bio-Limetten- oder Zitronenscheiben zum Dekorieren, Eiswürfel, falls verfügbar

Den Zucker in den Säften auflösen und mit Mineralwasser aufgießen, umrühren und mit Zitronenscheiben dekoriert servieren – möglichst mit Eis.

GREEN APPLE LEMONADE

1 kleiner grüner Apfel, 2 Bio-Limetten, 4 Zweige Zitronenmelisse (alternativ Minze), 1 Flasche Tonic Water (0,75–1 l), Eiswürfel, falls verfügbar

Den gewaschenen Apfel entkernen und in dünne Scheiben schneiden. Die Limetten waschen und halbieren. Eine halbe Limette in dünne Scheiben schneiden, den Rest auspressen. Melissenblättchen von den Stängeln zupfen. Alle Zutaten in einem Glaskrug mischen und servieren – möglichst mit Eis.

ERFRISCHENDER EISTEE

Für 1 Liter: 1 l Wasser, 2 Beutel Schwarztee (z. B. Darjeeling), 3 Stängel frische Minze, 1 ½ Bio-Zitronen, 6–8 EL Holunderblütensirup, Eiswürfel, nach Belieben

Das Wasser aufkochen und in einer Kanne die Teebeutel und die Minze damit übergießen. 3 Min. ziehen lassen. Die Teebeutel entfernen. Eine Zitrone auspressen und den Saft sowie den Sirup zum Tee geben. Die verbliebene halbe Zitrone in Scheiben schneiden und zugeben. Das Ganze abkühlen lassen und mit reichlich Eiswürfeln servieren. Habt ihr gerade keinen Sirup, süßt den Tee alternativ mit 4–6 TL braunem Zucker. Habt ihr keine frische Minze, könnt ihr auch einen Beutel Pfefferminztee verwenden. Der Tee schmeckt auch lauwarm wunderbar erfrischend!

TIPP: Falls ihr den Tee schon zu Hause zubereiten wollt, entfernt mit den Teebeuteln auch die Minze. Füllt den Tee nach dem Abkühlen in PET-Flaschen (aber nur zu drei Vierteln) und friert diese ein. So habt ihr prima Cool-Packs für die Kühltasche und später einen kalten Tee. Zum Servieren einfach noch ein paar Zitronenscheiben zugeben.

VIRGIN MOJITO

2 Bio-Limetten, 2 Stängel frische Minze, 2 TL brauner Zucker, 1 Dose Ginger Ale (330 ml), 2 TL Holunderblütensirup, Crushed Ice, falls vorhanden

Die Limetten waschen, kurz mit leichtem Druck über das Schneidebrett rollen (das bringt mehr Saft), dann in Achtel schneiden. Die Minzeblättchen abzupfen und mit den Limettenstücken auf zwei große Gläser aufteilen. Den Zucker zugeben und die Mischung z. B. mit dem Stiel eines Kochlöffels fest quetschen und rühren. Sirup und Eis, falls vorhanden, zugeben und mit Ginger Ale aufgießen. Nochmals umrühren und stilecht mit einem Strohhalm trinken.

DK | Penguin Random House

Auszug aus:
The Great Outdoors – 120 geniale Rauszeit-Rezepte

Die Originalausgabe wurde 2017 bei
Neuer Umschau Buchverlag veröffentlicht.